BIBLIOTHÈQUE
DE
PHILOSOPHIE CONTEMPORAINE

PENSÉES
DE
TOLSTOÏ

D'APRÈS LES TEXTES RUSSES

PAR

OSSIP-LOURIÉ

PARIS
ANCIENNE LIBRAIRIE GERMER BAILLIÈRE ET Cie
FÉLIX ALCAN, ÉDITEUR
108, BOULEVARD SAINT-GERMAIN, 108

1898

PENSÉES

DE

TOLSTOÏ

OUVRAGES DE OSSIP-LOURIÉ

Échos de la vie, 4e édition. . . . . 1 vol.

Ames souffrantes, 5e édition. . . . . . . 1 vol.

L'Éternel Tourment, avec une préface de François Coppée, de l'Académie française . . 1 vol.

ÉVREUX, IMPRIMERIE DE CHARLES HÉRISSEY

PENSÉES

DE

TOLSTOÏ

D'APRÈS LES TEXTES RUSSES

PAR

OSSIP-LOURIÉ

PARIS
ANCIENNE LIBRAIRIE GERMER BAILLIÈRE ET Cie
FÉLIX ALCAN, ÉDITEUR
108, BOULEVARD SAINT-GERMAIN, 108

1898

PRÉFACE

A M. Th. Ribot.

Par ce temps de surmenage intellectuel, tout le monde ne peut approfondir les nombreux écrits des philosophes étrangers, surtout ceux de Tolstoï[1] dont les traductions sont très multiples. J'ai donc eu l'idée de réunir ses *pensées*. A ceux qui le connaissent déjà, elles le feront revivre; à ceux qui l'ont mal connu, elles le révéleront ; à ceux qui l'ignorent, elles suggéreront le désir de l'étudier.

Car on peut ne pas admettre toutes les théories de mon illustre compatriote : il est impossible de nier leur puissance, leur sincérité, leur pureté morale.

Mon idée était assez difficile à réaliser. Tolstoï n'a

[1] Le comte Léon Nikolaïevitch Tolstoï naquit le 28 août (vieux style) : 9 septembre 1828 à Jasnaïa-Poliana. (Voir l'Appendice IV.)

jamais écrit ses *pensées*. Il fallait les chercher dans ses œuvres. Il s'agissait d'y découvrir et de résumer ses pensées fondamentales, essentielles; il importait aussi que chaque *pensée* eût un sens propre, complet, absolu; qu'elle traduisît bien l'*idée* de Tolstoï et, en même temps, qu'elle ne fût pas dénaturée : *sint ut sunt aut non sint.*

Je me suis servi, pour mon ouvrage, des œuvres originales de Tolstoï[1]. Quant à celles interdites par la censure russe, j'en ai eu en ma disposition les manuscrits autographes et les éditions russes publiées à l'étranger[2].

Après un assez long travail, je me suis trouvé en possession de 434 feuilles détachées portant chacune une *pensée* de Tolstoï et les réflexions qu'elle m'a suggérées[3]. Comment classer ces *pensées?* Quel ordre admettre? L'ordre chronologique ou celui des idées? J'ai accepté le second. J'ai voulu présenter la *conception* de Tolstoï, et non pas l'évolution de sa pensée. Je le répète, c'est la *pensée* elle-même et non son évolution que je cherchais. Cette évolution me semblait être compréhensible.

[1] 3e édition en 8 volumes, Moscou, 1873, l'imprimerie de l'Université (Katkoff et Cie); 2e et 4e éditions en 14 volumes, Moscou, 1885, 1893 et 1895, l'imprimerie Mamontoff (le treizième volume fut publié à l'imprimerie Voltschaninoff, Moscou, 1893).

[2] Éditions russes d'Elpidine, Genève, 1884, 1888 et 1889; éditions russes du Bureau bibliographique, Berlin, 1891 et 1894. (Voir l'appendice I).

[3] Ces notes feront partie d'un livre qui paraîtra sous ce titre : *Tolstoï, sa vie et son œuvre.*

I

Trois étapes successives, trois phases de développement ont amené Tolstoï à son enseignement actuel : 1° *la jeunesse*, 2° *l'âge viril* et 3° *la vieillesse* de notre auteur.

Dans ses *Souvenirs de jeunesse*, qu'il nous a présentés avec des couleurs si vives et si attirantes, Tolstoï chantait « la fraîcheur, l'insouciance, la gaieté innocente et la soif insatiable d'affection[1] ». En son *âge viril*, il eut foi en l'humanité, dans le progrès ; il prêcha comme but le *bien commun*, ainsi que peuvent en témoigner *la Guerre et la Paix* et *Anna Karenine*[2], datées de cette époque. « Si le communisme est prématuré, il a de l'avenir, de la logique, comme le christianisme des premiers siècles[3], » dit Nikolaï Levine. Tolstoï admet à cette époque que « l'homme a beau avoir conscience de son existence personnelle, il est, quoi qu'il fasse, l'instrument inconscient du travail de l'histoire et de l'humanité[4] ». Il croit même que « le fatalisme est inévitable dans l'histoire, si l'on veut en comprendre les manifestations *illogiques*, ou, du moins, celles

[1] *Enfance. Adolescence. Jeunesse*, p. 259-60, t. I, 1873, Moscou ; composé en 1852-57.

[2] *La Guerre et la Paix* datent de 1864-69 ; *Anna Karenine* fut composé en 1873-76.

[3] *Anna Karenine*, t. I, p, 343.

[4] *La Guerre et la Paix*, t. II, p. 179.

dont nous n'entrevoyons pas le sens et dont l'illogisme grandit à nos yeux, à mesure que nous nous efforçons de nous en rendre compte[1] ».

Parvenu à la vieillesse, — à l'âge où les passions s'endorment, où le développement s'arrête, où l'on jette un regard sur la route parcourue, — Tolstoï a brûlé tout ce qu'il adorait et s'est mis à adorer tout ce qu'il brûlait jadis. Pourquoi? En voici la raison. Après avoir connu et pratiqué toutes les misères morales de la vie, après avoir subi toutes les tentations de la chair et de l'esprit, Tolstoï s'est trouvé en face du *néant;* il s'est posé la question suivante : « Quel est pour moi le sens de la vie, étant donné que la loi du monde, — basée sur l'enseignement dit le christianisme, — et d'après laquelle j'ai vécu jusqu'à présent, est mauvaise? »

Nietzsche aussi s'est posé la même question et, avant d'avoir dépassé la ligne du néant, avant d'être entré dans la vie inconsciente, le philosophe allemand a cru même y avoir trouvé une réponse : « Le monde, injustifiable au point de vue rationnel, peut se justifier comme phénomène esthétique. » Cette conception aurait pu faire vivre Nietzsche, s'il avait voulu s'en contenter; mais « il s'est contraint à penser sa pensée jusqu'au bout, à la pousser jusqu'à ses conséquences dernières[2] ».

Tolstoï n'a pas trouvé de réponse immédiate à sa

[1] *La Guerre et la Paix*, t. II, p. 183.

[2] Henri Lichtenberger. *La Philosophie de Nietzsche*, p. 7. Paris, 1898.

question, ou plutôt sa première réponse fut négative. « J'étais, dit Tolstoï, comme un homme égaré dans la forêt et qui court de tous côtés pour trouver la sortie : il sait que chaque pas l'égare davantage et pourtant il ne peut se défendre de se jeter de tous côtés[1]. » Cet état a trois issues : suicide, folie, régression. Plus haut est le degré de l'évolution intellectuelle, plus grande est cette régression. Tolstoï a pensé au suicide. « Je voulais, dit-il, me débarrasser de la vie à l'aide d'une corde ou d'une balle... L'idée du suicide était pour moi si tentante que je devais user de ruse envers moi-même pour ne pas l'accomplir trop précipitamment. J'avais peur de la vie, je tendais à en sortir, et, malgré cela, *j'espérais d'elle encore quelque chose*[2]. » L'instinct de conservation individuelle lui interdisait de renoncer à sa vie. L'énergie vitale n'était pas totalement anéantie en Tolstoï et il ne portait en lui, comme Nietzsche, aucun germe de folie ; il lui fallait donc, pour *justifier sa vie*, en trouver un nouveau sens. Tolstoï s'adressa à la science. Les incursions dans le domaine des sciences non seulement ne le débarrassèrent pas de ses doutes, de son désespoir, mais les augmentèrent encore. « Les sciences ignorent les questions de la vie... Les réponses de toutes les sciences ne sont que des mots sans portée[3]. » Tolstoï est allé chercher *le sens de la vie* chez les philosophes et les fondateurs

[1] *Ma Confession*, p. 26. (Edition russe, Genève, 1884.)

[2] *Idem*, p. 21.

[3] *Idem*, p. 29-30.

de religions. Mais ni le perfectionnement individuel de la doctrine de Confucius, ni la doctrine de Socrate, ni la théorie des stoïciens reconnaissant l'indépendance de l'être raisonnable comme la seule base de la vraie vie, rien ne satisfaisait Tolstoï ; le moïsme lui a souri un moment, et si la douce figure du Juif de Nazareth ne l'eût attiré, Tolstoï aurait peut-être trouvé *le sens de la vie* dans la doctrine du judaïsme, c'est-à-dire dans la fidélité de chacun à l'alliance avec Dieu, envisagé comme Idéal. Mais Jésus l'attirait, et voici pourquoi : 1° Chaque réformateur prend les vérités connues de ceux à qui il prêche, comme base de son enseignement. C'est ce que fait Jésus au milieu des Juifs. Jésus reconnaît que la loi de Moïse et surtout les écrits des prophètes, d'Isaïe particulièrement, contiennent des vérités éternelles (par exemple, le commandement : « Aime Dieu et ton prochain ») et il les prend comme base de sa doctrine. 2° La doctrine de Confucius, de Socrate, même de Bouddha et de Moïse, sont des doctrines de combat, tandis que celle de Jésus : *Ne résiste pas au méchant* correspondait mieux à l'état où se trouvait Tolstoï, c'est-à-dire à l'état où tout en gardant l'énergie de la conservation vitale, il n'avait plus celle de l'*action*. Il avait besoin du calme physique et moral, du silence, de la *paix*. Or, « toute la doctrine de Jésus n'a qu'un but : donner le règne de Dieu aux hommes — la paix[1] ». 3° La recherche du *vrai* nous fait souffrir. Le penseur, poursuivant la

[1] *En quoi consiste ma foi*, p. 96. (Édition russe, Genève, 1888.)

vérité dans l'infini, souffre beaucoup plus que le guerrier combattant corps à corps avec l'ennemi. Tolstoï a beaucoup souffert. Il a perdu *le sens de la vie*, et la loi de conservation individuelle lui ordonnait de vivre! Or, de tous les hommes supérieurs qui ont contribué à la naissance des théories nouvelles de la vie, c'est Jésus de Nazareth qui a souffert le plus. Il s'établit une sorte de fluide électrique entre ceux qui souffrent. Celui qui ignore les souffrances morales ne pourra jamais adoucir celles d'autrui. La souffrance nous rapproche et nous fait comprendre les uns les autres. Et c'est pourquoi la douce figure de Jésus, qui a connu la souffrance, attirait Tolstoï, et il a cru trouver dans son enseignement *le sens de la vie*. Sa joie fut immense. « J'ai cru à la doctrine de Jésus, dit-il, et ma vie changea[1]. »

Cette joie fut inconsciente, puisque la conscience, c'est-à-dire la raison de Tolstoï n'apercevait pas que la doctrine de Jésus, comme toutes les doctrines philosophiques et théologiques, enseignait aux hommes de *régler* leur vie, et non pas *le sens de la vie*. Toutes indiquent *comment vivre* et non *le pourquoi* de la vie. Même pour *comment vivre* les philosophes et les théologiens ne s'entendent guère : chacun loue sa doctrine, chacun exalte son dieu. Le sens de la vie! Qui jamais le découvrirait? Lorsque la psycho-physiologie aura déterminé (?!) les lois inconscientes qui gouvernent le monde sensible, peut-

[1] *En quoi consiste ma foi*, p. 1.

être connaîtrons-nous *le pourquoi* de notre existence ! En attendant, « la continuité de la vie doit être pour nous un dogme [1] ».

II

Tolstoï a donc trouvé une nouvelle conception de la vie. Cette conception se résume dans un des commandements de Jésus : *Ne résiste pas au méchant*. « Ne résiste pas au méchant, nous explique Tolstoï, veut dire : ne résiste jamais, c'est-à-dire n'oppose jamais la violence [2], autrement dit : ne commets jamais rien qui soit contraire à l'amour [3]. » Si les hommes veulent connaître le bonheur, ils doivent : *a*) vivre en paix avec tout le monde et *b*) ne jamais résister au mal par le mal.

[1] Virchow. Communication faite au XII° Congrès international de médecine, Moscou, août 1897.

[2] Il existe à la Bibliothèque de Prague un ouvrage inédit du Tchèque Kheltschitsky daté du XV° siècle, intitulé *le Filet de la Foi* et traitant de la non-résistance au mal par violence. L'impression de cet ouvrage fut commencée en 1888 par l'Académie des sciences de Saint-Pétersbourg et suspendue par la censure.

Un Américain, William Lloyd Harrisson, fonda en 1838 à Boston une société des kuakers basée sur la non-résistance au mal.

On peut encore signaler le livre de Dymon *On Ward*, Londres, 1824 et celui de Daniel Mussert *Non-résistance asserted*, Londres, 1864.

Tolstoï a appris l'existence de ces ouvrages après l'apparition de son livre sur la religion.

[3] *En quoi consiste ma foi*, p. 15.

C'est là le royaume des cieux. « Le royaume des cieux n'existe que dans les cœurs des hommes. Le royaume des cieux n'est autre chose que la compréhension de la vie ; il est comme l'arbre du printemps qui grandit au moyen des éléments fournis par sa propre substance [1]. » C'est le règne de la Solidarité universelle. Cette conception religieuse est la source de toutes les idées actuelles de Tolstoï sur la vie, l'organisation sociale, la science, l'art, etc. Tolstoï cherche partout *la nature*; mais, au lieu de la pénétrer au point de vue psycho-physiologique, physique, cosmique ou sociologique, Tolstoï l'enveloppe d'un manteau mystique, d'une pureté immaculée. « Le bonheur, c'est de vivre avec la nature, de la voir, de la sentir, de lui parler [2]. » « La connaissance de la foi prend sa source dans une origine mystérieuse [3]. »

Ce *naturisme mystique* est le fond essentiel de la nouvelle règle de vie de Tolstoï.

Mais il ne suffit pas de trouver une nouvelle règle de vie, il faut encore la pratiquer. « Je veux faire du bien et je fais du mal, » dit l'apôtre Paul. Le grand mérite de Tolstoï, c'est d'avoir appliqué à la vie réelle sa nouvelle théorie de la vie. « Une foi dont ne découlent pas des actes n'est pas la foi [4]. »

Tolstoï ne se contente cependant pas de connaître la vérité, de la pratiquer, d'être devenu juste

[1] *Les Évangiles*, p. 130.
[2] *Les Cosaques*, t. II, p. 474. Réflexion d'Olénine.
[3] *Ma Confession*, p. 82.
[4] *En quoi consiste ma foi*, p. 42.

et vertueux, — après avoir pratiqué toutes les misères de la vie; — il veut être prophète, il veut communiquer aux hommes égarés sa connaissance de la vérité. Lorsque l'on croit à une idée, on éprouve le désir de la communiquer aux autres. Tolstoï se souvient du conte délicieux du prophète Jonas auquel Dieu a appris que la connaissance de la vérité n'est nécessaire que pour la transmettre à ceux qui ne la possèdent pas. Le prophète Jonas a beaucoup hésité avant d'accepter l'aphorisme de Dieu, tandis que Tolstoï croit que « sa vie raisonnable ne lui est donnée que pour luire devant les hommes, que l'unique sens de sa vie consiste à vivre dans la clarté de la lumière qui est en lui, et à la placer, non pas sous le boisseau, mais bien haut devant les hommes[1] ». Il est vrai que Tolstoï connait l'expérience de Jonas.

Certes, il est juste que le penseur qui comprend l'infériorité intellectuelle et morale de ses semblables se considère en droit et même en devoir de leur indiquer le chemin qu'il croit vrai. L'état de conscience de la majorité des hommes, avouons-le franchement, ne se trouve pas à un très haut degré. Mais nul ne peut purifier la conscience d'autrui. Le développement de l'humanité, comme celui de l'individu, doit passer par toutes les phases de l'évolution normale. L'humanité ne peut pas par la seule force de sa volonté, qui se trouve en dépendance des lois inconscientes, elle ne peut pas, dis-je, par un

[1] *En quoi consiste ma foi*, p. 226.

seul mouvement rejeter toutes les horreurs que les siècles lui ont léguées. Il se peut que de temps en temps, sur les divers points du globe, surgissent des surhommes, des Moïse, des Socrate, des Jésus, mais ils ne font qu'aider la marche de l'évolution : ils ne changent pas la course lente de l'humanité. On peut changer les formes de la vie, on n'en change jamais le fond; si ce changement ne se fait de lui-même, il n'aboutit à rien, ou presque à rien. L'esprit s'approprie des pensées nouvelles qui restent souvent à l'état de notions, mais qui ne passent pas dans le *sang*. Un changement des formes extérieures de la vie ne change pas les conditions *biologiques* de l'individu. Ni la liberté, ni l'amour ne se donnent : ils se conçoivent. Celui qui n'est pas libre, ne porte pas dans son âme la notion de la liberté. L'individu ne peut être affranchi que par des efforts évolutifs sur lui-même. Mais, pour se développer, il a besoin encore du secours de ses semblables. L'individu, tout en étant *le commencement* et *la fin* par lui-même, se trouve, comme facteur de la continuité de la vie, en rapport avec d'autres individus, qui composent ainsi la famille, la société, l'humanité. Or, dès que les individus se réunissent en groupes, leur .développement intellectuel devient inférieur au développement de chacun d'eux. La foule, l'humanité, comme unité, ou, d'après quelques-uns, comme organisme, se développe plus lentement que l'individu. Pour que « le royaume des cieux », dont parle Tolstoï, c'est-à-dire celui de l'amour, règne sur la terre, il ne suffit donc pas que les individus, isolément, se trouvent à un tel degré de développement pour comprendre le sens de « ne pas résister au mal par la violence »; il faut que la société, l'humanité entière parvienne au même degré de développement intellectuel. Tolstoï a beau nier l'existence de l'humanité [1], — elle est un fait réel. L'*humanité* peut être synonyme du mot *foule*, mais cette foule existe, nous sommes constamment en contact avec elle, c'est elle qui nous fait souffrir, — inconsciemment, — nous qui sommes plus avancés qu'elle. La foule existe. Pour qu'elle arrive à comprendre le *ne résiste pas au mal*, il faut qu'elle passe par les trois phases évolutives par lesquelles Tolstoï lui-même a passé : 1° l'*enfance*, 2° l'*âge mûr* et 3° la *vieillesse*, qui correspondent 1° à l'*individu*, 2° à la *famille* et 3° à la *société*. L'humanité dite civilisée n'a pas encore dépassé la première phase de son développement — l'*individu*. Mais elle commence à s'apercevoir que c'est l'individu — sans distinction de sexes — qui est la base de la famille, de la société; elle commence aussi à constater que l'un des éléments de la famille — la femme — était trop négligé jusqu'à présent, et elle songe déjà à les préparer, homme et femme, en vue de la réorganisation de la famille. La forme familiale de ce temps ne ressemble pas à celle du siècle précédent. Il faut espérer que la famille du xxe siècle ne ressemblera pas à celle

[1] *Le salut est en vous*, t. I, p. 150. (Edition russe, Berlin, 1894.) Voir la *pensée* 80.

d'aujourd'hui. Quand les nouvelles bases de la famille seront établies, il s'agira de réorganiser celles de la société. Et cela se fera non par la révolution, mais par l'*évolution*. Lorsque la société aura connu toutes les misères, lorsque la coupe de ses souffrances aura débordé, — une seule goutte fait déborder un vase trop plein, — lorsque les sources, où elle puise ses forces actuelles, seront épuisées, elle sera obligée, pour la continuité de la vie, à *chercher* des bases nouvelles. Elle se posera la même question que Tolstoï s'est posée : « Quel est le sens de ma vie, étant donné que les règles sur lesquelles elle a été basée jusqu'à présent sont fausses ? » Et elle puisera peut-être le nouveau sens de la vie dans la même source où Tolstoï à cru trouver celui de la sienne : *ne résiste pas au mal par la violence,* — si elle ne rentre pas dans la vie inconsciente comme Nietzsche. Tout dépendra de l'évolution inconsciente de l'humanité.

Pourquoi Tolstoï n'avait-il pas pratiqué jusqu'à l'âge de cinquante ans les doctrines qu'il prêche aujourd'hui? « Parce que je ne connaissais pas la vérité[1], » dit-il. Mais pourquoi Tolstoï n'avait-il pas connu cette vérité plus tôt? La vraie réponse, je l'avais indiquée plus haut. A l'âge viril Tolstoï portait *en lui* d'autres sources de vie, plus fortes que les méditations abstraites. Elles étaient certainement inférieures, au point de vue moral, à celles que lui révéla la doctrine du Galiléen; mais Tolstoï ne le

[1] *En quoi consiste ma foi*, p. 212.

savait pas lorsqu'il y puisait la vie, il le faisait *inconsciemment.* Car il y a dans la vie de l'homme comme dans celle de l'humanité plus d'*inconscient* que de *conscient.* C'est aussi l'évolution inconsciente qui a amené Tolstoï à sa nouvelle théorie de la vie, mais y étant parvenu, il en a pris conscience. Et son grand mérite, c'est d'avoir dit tout haut que la minorité affranchie pense depuis longtemps et commence même à murmurer tout bas : que les bases de notre société sont fausses et qu'il est temps de trouver des ressources nouvelles, des conditions morales dont dépend l'avenir de l'humanité. En somme, ce n'est pas la société que Tolstoï nie, c'est seulement ses bases mensongères.

Tolstoï n'est pas nihiliste. Il ne nie rien. S'il est contre l'humanité, c'est pour défendre les droits sacrés de l'individu. Le bonheur de tous ne signifie-t-il pas le bonheur individuel de chacun ? Si Tolstoï proclame l'horreur de la guerre et l'absurdité de l'Église et du Pouvoir, c'est parce qu'il est convaincu que les hommes ont mieux à faire que de se massacrer mutuellement, et qu'ils ne doivent être gouvernés que par leur conscience. Tolstoï ne nie pas le mariage : il trouve seulement qu'il doit être basé sur l'amour mutuel de l'homme et de la femme, et que son but unique doit être la fondation de la famille. Il ne nie pas l'instruction : il constate qu'elle est devenue « la dispensatrice des brevets d'oisiveté[1] » ;

[1] Œuvres complètes, t. XIII (Edition russe, Moscou, 1891), p. 166.

qu'elle « déshabitue les jeunes gens de la vie, c'est-à-dire du travail; qu'elle les rend parasites, incapables d'un effort quelconque[1] ». Tolstoï ne nie ni l'art ni la science : il veut que « le penseur, le peintre ne planent point dans la sérénité des hauteurs olympiques, mais qu'ils souffrent avec les hommes, pour les sauver et les consoler[2] ».

Tolstoï ne prêche pas la révolte. A quoi bon se révolter? Ce sont les faibles qui se révoltent; la révolte pour eux est une consolation. Les hommes forts n'ont pas besoin d'être consolés. Ils considèrent les injustices que l'on veut leur imposer et... ils sourient. Ce n'est pas aux hommes qu'ils demandent justice, c'est à leur conscience. Quant au *non-agir* de Tolstoï, il ne signifie pas l'*indifférence;* il enseigne qu'au lieu de rechercher — vainement — à atteindre un but mesquin et stérile, il est plus préférable d'*agir* sur nous-mêmes, sur notre âme, sur notre morale pour devenir plus dignes de porter le nom d'*homme.*

Tolstoï n'est pas pessimiste. Il ne nie pas la vie en général, il ne s'élève que contre la vie telle qu'elle est, c'est-à-dire basée sur le mensonge. Il affirme la bonté native de l'homme, il croit à la vie, il croit au bonheur, il croit à l'amour universel. « L'homme ne vit pas de ses besoins à lui, dit-il, mais il vit par

[1] Œuvres complètes, p. 168. Voir la *pensée* 270.

[2] *Idem*, p. 195.

l'amour[1] ». « Dieu, c'est l'Amour[2]. » « Le seul temple vraiment sacré est le monde des hommes unis dans l'amour[3]. »

III

Et c'est la pureté morale et l'amour qui se dégagent des écrits et de la vie même de Tolstoï. Comme la religion de Dostoïevsky est celle de la souffrance humaine, la religion de Tolstoï est celle de l'amour.

A la vue de cet écrivain de génie qui parle à la foule, mieux que le vulgaire, une langue que le vulgaire comprend [4]; à la vue de ce grand seigneur qui renonce aux fictions conventionnelles du monde pour revenir à la beauté paisible de la nature, on comprend que la vérité n'a pas besoin de perspicacités subtiles pour dégager la lumière, que l'idée n'est belle que si elle s'accorde avec l'action et que celui seul peut propager l'amour qui ne porte pas dans son âme l'éternel mensonge. Et on devient

[1] *Quelle est ma vie ?* p. 112. (Edition russe, Genève, 1886.)

[2] *Idem*, p. 117.

[3] *Les Evangiles*, p. 139.

[4] A force de rechercher, par un noble orgueil, le suffrage des maitres, des délicats, on arrive à dédaigner la foule. Et il est bon, parfois, de jeter un regard sur la foule, surtout quand nous n'avons rien de commun avec elle, quand nous ne voulons pas lui plaire, même lorsque nous nous enfermons dans une sorte de sanctuaire et nous disons à tous : *procul esto*, les profanes n'y entrent pas. Il est bon de savoir, parfois, les sentiments de la foule, surtout dans un temps ou les foules s'agitent.

inquiet, on devient rêveur, on fait son examen de conscience, on sent passer sur sa tête un souffle d'apôtre, et l'on éprouve le désir irrésistible de devenir meilleur.

Certes, Tolstoï n'est pas le premier à nous révéler la puissance et la divinité de l'Amour, — mais on n'en parle jamais trop à ceux qui haïssent. Si l'amour ne nous explique pas le *pourquoi* de la vie, il nous enseigne comment adoucir ses souffrances ; il nous enseigne la pitié, la grâce, le pardon. Toutes nos croyances, toutes nos idées ne sont que des hypothèses relatives, et, tout compte fait, il n'y a qu'une seule chose réelle, absolue, positive, palpitante, c'est la souffrance individuelle. Nous ne savons pas ce qu'il faut pendant la durée de notre existence — rire ou pleurer, mais nous savons parfaitement que nous souffrons ; nous ne pouvons pas démêler l'énigme de la douleur, mais nous la sentons, cette douleur. Pourquoi s'entretuer pour des hypothèses religieuses, quand nous portons en nous une religion naturelle, indéniable, qu'aucune découverte scientifique, aucun progrès, aucune révolution n'a jamais pu abolir, et qui est celle de la souffrance humaine? Mais les hommes ne veulent pas le comprendre. Et dire que pour pénétrer cette grande vérité il ne faut qu'un peu moins d'hypocrisie envers soi-même et plus de sincérité envers les autres ! « Qui définira la liberté, le despotisme, la civilisation, la barbarie? Quelles en sont les limites? Qui possède cette juste mesure du bien et du mal qui permet de se reconnaître dans la multitude des faits passagers? Qui donc a l'esprit assez vaste pour pouvoir, dans le passé immobile, embrasser les faits et les peser? Qui donc a vu un état où le bien et le mal ne soient pas mélangés? Comment peut-on dire que l'on aperçoit l'un plutôt que l'autre, sinon à cause de l'endroit où l'on se trouve placé? Qui peut se détacher par l'esprit assez complètement de la vie pour la regarder de haut avec indépendance[1]? » Et pourtant, un guide, un seul guide infaillible existe : c'est l'esprit universel qui nous anime tous, chacun isolément, en mettant en nous la tendance au but que nous devons poursuivre. Et ce but, c'est la solidarité, c'est l'amour. L'individu seul ne peut pas créer le grand *tout* de la vie; mais, tout en gardant son individualité, son *moi*, il peut contribuer à sa construction, à son développement, à sa floraison.

Puisque nous ne savons d'où nous venons, où nous allons, ni quel est le but de notre existence ; puisque nous ignorons encore le *vrai* sens de la vie, et puisque, malgré tout, nous subissons les lois inconscientes qui nous gouvernent et nous condamnent à la vie, nous devons avoir pitié les uns des autres; nous devons avoir de la compassion pour les foules, pour les petits, pour les faibles d'esprit, qu'aucun doute n'étreint, qu'aucune angoisse ne hante, qui ne sont pas encore parvenus à comprendre la vraie beauté de la vie et qui croient en trouver le sens dans leurs désirs mesquins et éphémères. Nous

[1] *Journal du prince Nekhlioudov*, p. 139-140.

devons avoir pitié d'eux, car, comme dit le rêveur de Bethléem, « ils ne savent pas ce qu'ils font ».

Et que faut-il faire? « Il faut purifier la conscience, » dit Tolstoï. « Le salut est en vous, » dit-il. Cela veut dire que nous portons en nous la pitié, la grâce, le pardon; cela veut dire que la lumière divine qui s'appelle la conscience brille au fond de nos âmes et qu'il nous suffit de mettre sur nos actes toute la lumière qui est en nous pour qu'aussitôt s'établisse le royaume de l'amour auquel tend tout être humain. C'est là le but suprême de la vie individuelle, — nous n'en connaissons pas d'autre. Nous ne pouvons atteindre ce but qu'après avoir passé par toutes les phases évolutives de l'existence humaine, mais nous devons y tendre toujours et de toutes les forces de notre être : pour arriver à l'endroit vers lequel on tend, il faut se diriger vers un point bien plus élevé.

Et quand atteindrons-nous ce point élevé? Il ne peut y avoir de réponse, dit Tolstoï. « La réponse est comme celle du sage à qui un passant demandait s'il en avait pour longtemps avant d'arriver à la ville et qui répondit : Marche[1] ! » Et l'on doit marcher, et l'on doit rêver l'union fraternelle des hommes dans un avenir lointain de vérité et de beauté morale. Il faut y croire pour ennoblir un peu notre vie, pour ne pas déranger l'éternelle et l'infinie harmonie de l'univers, cette œuvre d'art sublime, dont nous ne connaissons pas l'auteur, dont nous ignorons le but,

[1] *Le salut est en vous*, t. II, p. 100. (Edition russe, Berlin, 1894.)

mais dont nous sentons la belle splendeur. Il faut y tendre pour pouvoir « régler notre vie présente comme si la vie future n'existait pas[1] », pour pouvoir dire à la vie : « Je te veux, car ton image est belle, tu es digne d'être vécue[2] ! »

Et celui qui nous amène à cet ordre d'idées, celui qui nous arrache à notre abaissement moral, celui qui nous réveille pour faire monter nos regards vers les deux points lumineux qui s'appellent *Solidarité* et *Amour*, celui-là est un grand moraliste et un grand humanitaire !

Et je salue en Tolstoï l'un des plus nobles penseurs du XIXe siècle et l'un des précurseurs de l'aurore des temps nouveaux !

OSSIP-LOURIÉ.

Paris, avril 1898.

[1] Renan. *L'Avenir de la science*, p. 331.

[2] H. Lichtenberger. Ouvrage cité, p. 39.

PENSÉES DE TOLSTOÏ

I

LA VIE. — L'HOMME. — LA SOCIÉTÉ

1. — *Qui que tu sois, toi qui lis ces lignes, pense à ta situation et à tes devoirs, non pas à ta situation de propriétaire, négociant, juge, empereur, président, ministre, prêtre, soldat que te font provisoirement les hommes, et non pas aux devoirs imaginaires que cette situation te crée, mais à ta situation véritable, éternelle, de l'être qui, après toute une éternité de non-existence, est sorti de l'inconscience, et qui peut à chaque instant y retourner ; et pense à tes devoirs véritables qui résultent de ta véritable situation d'homme, appelé à la vie et doué d'intelligence et d'amour.*

*
* *

2. — La vie est une valeur qui n'a ni poids ni

mesure et qui ne peut être comparée à aucune autre et, par suite, l'anéantissement de la vie pour la vie n'a aucun sens.

* * *

3. — Pour saisir le sens de la vie, il faut avant tout que la vie ne soit pas absurde, ni méchante; — l'intelligence ne vient qu'après.

* * *

4. — La vie est dans la recherche de l'inconnu et dans la subordination de l'action aux connaissances nouvellement acquises. C'est là la vie de chaque individu comme la vie de toute l'humanité.

* * *

5. — La semence qui tombe sur un sol fertile croît; celle qui tombe sur un sol stérile périt. Seul l'esprit donne aux hommes la vie, et il dépend des hommes de la garder ou de la perdre. Le mal n'existe pas aux yeux de l'esprit :

le mal n'est qu'une ombre de la vie. Il y a seulement la vie et l'absence de vie.

*
* *

6. — C'est seulement la vie commune de tous qui est la vraie vie et non pas la vie de chaque homme en particulier. Tous doivent travailler pour la vie d'autrui.

*
* *

7. — La vraie vie n'a rien à faire avec le passé, ni avec l'avenir ; c'est une vie du moment présent, qui consiste à ce que chacun fasse maintenant ce qui se présente précisément à lui comme devant être fait. Aussi ne faut-il jamais faiblir dans l'accomplissement de la vraie vie.

*
* *

8. — C'est seulement en adoptant comme principe de tout le reste la compréhension de la vie que l'homme peut marcher d'un pas sûr dans le chemin de la vie.

*
* *

9. — Le devoir qui s'impose à un homme raisonnable de prendre part à la lutte contre la nature pour assurer sa vie et celle d'autrui sera toujours le premier, le plus indubitable de ses devoirs. Ce devoir est le premier de tous, parce que rien n'est plus nécessaire à l'homme que sa vie.

*
* *

10. — La mission la plus importante et la plus nécessaire à accomplir dans notre existence est de chercher à être conscient de notre vie intérieure.

*
* *

11. — Quelle triste créature que l'homme, avec sa manie de définitions ! Il est jeté dans un océan sans limites, éternellement ballotté entre le bien et le mal, à travers le jugement des faits, les raisonnements et les contradictions.

*
* *

12. — Depuis le moment de sa naissance,

l'homme est menacé d'un péril inévitable, c'est-à-dire d'une vie dépourvue de sens et d'une mort absurde, s'il ne découvre que la vraie vie est celle qui ajoute quelque chose au bien accumulé par les générations passées, qui augmente cet héritage dans le présent et le lègue aux générations futures.

*
* *

13. — La volonté éclairée de l'homme est la seule chose sainte entre toutes ; l'homme ne peut la mettre à la disposition de personne.

*
* *

14. — Chaque individu, dans son développement intellectuel, repasse par les mêmes routes qui ont été suivies par les générations successives ; les idées formant le fondement des diverses théories philosophiques font partie intégrante de l'esprit humain ; chaque homme en a eu conscience plus ou moins nettement, avant même de savoir qu'il existait des théories philosophiques.

*
* *

15. — Il n'y a pour chacun de nous qu'un seul chemin par lequel un changement moral s'accomplit, et ce chemin est souvent tout à fait inattendu, tout à fait à part de celui qu'auraient suivi d'autres esprits.

*
* *

16. — Le propre de la nature humaine est de faire ce qui convient le mieux à chacun.

*
* *

17. — Chaque être, doué de la raison la plus rudimentaire, sait qu'il faut endurer des difficultés pour se procurer quelque bien supérieur à celui dont il jouissait auparavant.

*
* *

18. — L'homme peut tomber en état de bête, et personne ne songera à lui en faire un reproche; mais il ne saurait faire usage de sa raison pour arriver à l'apologie de l'état bestial. Du moment qu'il raisonne, il a la conscience d'être doué de raison, et cette conscience le stimule à distin-

guer ce qui est raisonnable de ce qui est déraisonnable.

*
* *

19. — Qu'un homme cesse d'avoir foi dans la doctrine du monde, qu'il ne croie pas indispensable de porter des bottes vernies, d'avoir un salon inutile, de faire toutes les sottises que recommande la doctrine du monde, et il ne connaîtra jamais le travail abrutissant, les souffrances au-dessus de ses forces, ni les soucis et les efforts perpétuels sans trêve ni repos; il restera en communion avec la nature; il ne sera privé ni du travail qu'il aime, ni de sa famille, ni de sa santé, et il ne périra pas d'une mort cruelle et stupide.

*
* *

20. — La vie de tout homme consiste à poursuivre une fin. Qu'il le veuille ou non, il doit marcher vers elle, puisqu'il vit.

*
* *

21. — C'est dans le cœur de l'homme que

résident le commencement et la fin de toutes choses.

*
* *

22. — Il n'est pas possible de servir en même temps la fausse vie de la chair et l'esprit.

*
* *

23. — Toute tentative de donner un sens quelconque à la vie, si elle n'est pas basée sur le renoncement à son égoïsme, si elle n'a pas pour but de servir les hommes, devient une chimère qui vole en éclats au premier contact avec la raison.

*
* *

24. — L'existence de l'animal seul dans l'homme n'est pas la vie humaine. La vie, selon la seule volonté de Dieu, n'est pas non plus la vie humaine. La vie humaine est le composé de la vie divine et de la vie animale, et plus cet ensemble se rapproche de la vie divine, plus il y a vie.

*
* *

25. — Il suffit de réfléchir à l'isolement de la vie personnelle de l'homme pour se convaincre que cette vie en tant qu'elle est personnelle, non seulement n'a pas le moindre sens pour chacun séparément, mais encore qu'elle est une cruelle raillerie pour le cœur et la raison.

*
* *

26. — La vie de l'homme est double : l'une, c'est la vie intime, individuelle, d'autant plus indépendante que les intérêts en seront plus élevés et plus abstraits ; l'autre, c'est la vie générale, la vie dans la fourmilière humaine, qui l'entoure de ses lois et l'oblige à s'y soumettre.

*
* *

27. — Comme le soleil ou comme chaque atome de l'éther forme une sphère achevée en elle-même, tout en ne présentant qu'un atome du grand Tout inaccessible à l'homme, ainsi chaque individu porte en soi son but à lui-même et en même temps sert le but commun inaccessible à la raison humaine.

*
* *

28. — Nous nous sommes formé une fausse conception de notre vie et de la vie universelle basée uniquement sur notre méchanceté et nos passions personnelles, et nous considérons notre foi dans cette fausse conception comme ce qu'il y a de plus important et de plus nécessaire pour la vie.

*
* *

29. — En vain cherche-t-on dans notre monde civilisé quelques bases morales de la vie clairement formulées. Il n'y en a pas.

*
* *

30. — La lumière qui est en nous est devenue ténèbres. Et les ténèbres dans lesquelles nous vivons sont épouvantables.

*
* *

31. — Partout où des hommes se réunissent, il se forme une espèce de cristallisation sociale qui met chacun à sa place ; de même qu'une gouttelette d'eau exposée au froid prend invariable-

ment, et pour toujours, une certaine forme cristalline, de même chaque homme se trouve invariablement fixé au rang qu'il occupe dans la société.

*
* *

32. — Nous vivons et nous organisons notre vie sans savoir le moins du monde pourquoi nous l'organisons ainsi et pas autrement. Mais on ne peut pas plus naviguer sans savoir où l'on va qu'on ne peut vivre sans savoir pourquoi.

*
* *

33. — Pourquoi réunissez-vous des millions de troupes, et pourquoi vous faites-vous soldats vous-mêmes pour vous entretuer et vous estropier, les uns les autres? Pourquoi avez-vous dépensé et dépensez-vous une somme énorme de forces humaines, qu'il faut chiffrer par milliards, à construire des villes inutiles et malsaines? Pourquoi organisez-vous vos tribunaux ridicules et envoyez-vous des gens, que vous considérez comme criminels, de France en Cayenne, de Russie en Sibérie, d'Angleterre en Australie,

quand vous savez vous-mêmes que c'est insensé? Pourquoi abandonnez-vous l'agriculture, que vous aimez, pour travailler aux fabriques et aux usines que vous n'aimez pas? Pourquoi élevez-vous vos enfants de façon qu'ils continuent à mener cette existence que vous n'approuvez pas? Pourquoi faites-vous tout cela?

∴

34. — Pas un homme civilisé marchant en tête du progrès n'est en état de donner maintenant une réponse à la question directe : « Pourquoi mènes-tu la vie que tu mènes? Pourquoi fais-tu tout ce que tu fais? »

∴

35. — Un philosophe, de quelque école qu'il soit : idéaliste, spiritualiste, pessimiste ou positiviste, si on lui demande : Pourquoi vit-il comme il vit, c'est-à-dire en désaccord avec sa doctrine philosophique, commencera aussitôt à parler du progrès de l'humanité, de la loi historique de ce progrès qu'il a trouvée et suivant laquelle l'humanité gravite vers le bien. Mais jamais il ne répon-

dra directement à la question : Pourquoi lui-même, pour son compte, ne fait-il pas ce qu'il reconnaît comme raisonnable. Le philosophe, tout comme le croyant, est, on le dirait, préoccupé, non pas de sa vie personnelle, mais du soin d'observer l'action des lois générales sur l'humanité.

*
* *

36. — L'homme « moyen », c'est-à-dire l'immense majorité des gens civilisés, moitié sceptiques, moitié croyants — tous ceux qui, sans exception, se plaignent de l'existence, de son organisation et prédisent la destruction de toute chose, — cet homme moyen, à la question : Pourquoi vit-il, lui, de cette vie qu'il blâme sans rien faire pour l'améliorer, commencera aussitôt, au lieu de répondre directement, à parler non pas de lui-même, mais des choses en général : de la justice, du commerce, de l'État, de la civilisation. L'homme moyen répond exactement ce que répondent le croyant, le philosophe, etc. A la place de la question personnelle, il glisse la question générale, et ce subterfuge, le croyant, le philosophe, l'homme moyen l'emploient également parce qu'ils ne

peuvent faire aucune réponse à la question personnelle : Qu'est-ce que ma vie? parce qu'ils n'ont aucune doctrine positive de la vie. Et ils en sont inquiets parce qu'ils se sentent dans la situation humiliante de gens qui ne possèdent aucune doctrine de la vie, tandis que l'homme, en réalité, ne peut pas vivre en paix sans doctrine de la vie.

*
* *

37. — Les sceptiques, comme les croyants, se font de la vie une fausse conception ; à leurs yeux, elle n'est pas ce qu'elle est, mais ce qu'ils se figurent qu'elle devrait être, et cette conception repose bien sur le même fondement que celle des croyants.

*
* *

38. — L'existence, non pas l'existence raisonnable qui donne le bonheur à l'humanité, mais celle que les hommes ont organisée pour leur propre perte, est une chimère, la chimère la plus sauvage, la plus épouvantable, un véritable délire

de folie dont il suffit de revenir une fois pour n'y plus jamais retomber.

*
* *

39. — Tout ce que nous faisons pour assurer notre existence ressemble absolument à ce que fait l'autruche quand elle s'arrête et cache sa tête pour ne pas voir comment on va la tuer. Nous faisons pis que l'autruche ; pour établir les garanties douteuses (dont nous-mêmes ne profiterons pas) d'une vie incertaine dans un avenir qui est incertain, nous compromettons sûrement une vie certaine, dans le présent qui est certain. L'illusion consiste dans la ferme persuasion que notre existence pourrait être garantie par la lutte avec les autres. Nous sommes tellement habitués à cette chimère des soi-disant garanties de notre existence et de notre propriété que, nous ne remarquons pas tout ce que nous perdons pour les établir. Nous perdons tout, — toute la vie. Toute la vie est engloutie par le souci des garanties de la vie, par les préparatifs pour la vie, de sorte qu'il ne reste absolument rien de la vie.

*
* *

40. — Il suffit de se détacher pour un instant de ses habitudes et de jeter un coup d'œil à distance sur notre vie, pour voir que tout ce que nous faisons pour la soi-disant sécurité de notre existence, nous ne le faisons pas du tout pour nous l'assurer, mais uniquement pour oublier dans cette occupation que l'existence n'est jamais assurée et ne peut jamais l'être. Mais c'est peu dire que d'affirmer que nous sommes notre propre dupe, et que nous compromettons notre vie réelle pour une vie imaginaire ; nous détruisons, le plus souvent, dans ces tentatives, cela même que nous voulons assurer.

⁂

41. — Il y a des minutes où l'avenir apparaît à l'homme sous des couleurs si sombres que, de peur d'arrêter son regard sur cet avenir, l'esprit suspend totalement en lui-même l'exercice de la raison et s'efforce de se persuader qu'il n'y aura pas d'avenir et qu'il n'y a pas eu de passé. Dans ces minutes, la pensée ne contrôle plus chaque impulsion de la volonté et les instincts

matériels demeurent les seuls ressorts de la vie.

*
* *

42. — Si l'avenir d'un individu isolé, lors de son passage d'un âge à un autre, lui était parfaitement connu, il n'aurait plus de raison de vivre; de même pour l'humanité : si elle avait le programme de la vie qui l'attend lors de son entrée dans un âge nouveau, ce serait le plus sûr indice qu'elle ne vit pas, ne se meut pas, mais piétine sur place.

*
* *

43. — Il faut agir dans la vie selon la raison et la conscience ; car c'est la loi de l'être raisonnable pris séparément, comme celle de toute l'humanité.

*
* *

44. — Le trait distinctif de l'homme civilisé, c'est d'obéir à ce qui est considéré par la plupart des gens comme inique, c'est-à-dire contraire à la conscience.

*
* *

45. — Toute notre vie est en contradiction

constante avec tout ce que nous savons et tout ce que nous considérons comme nécessaire et obligatoire.

*
* *

46. — S'il n'y avait pas de moyen extérieur d'abrutissement, la moitié du genre humain se brûlerait la cervelle immédiatement, car vivre en contradiction avec sa raison est la situation la plus intolérable.

*
* *

47. — Les hommes vivent, depuis longtemps déjà, contrairement à leur conscience. S'il n'y avait pas d'hypocrisie, ils ne pourraient pas vivre ainsi. Cette organisation sociale, contraire à leur conscience, ne continue à exister que parce qu'elle est cachée par l'hypocrisie. L'hypocrisie est maintenue à notre époque de deux côtés : par la quasi-religion et la quasi-science, et elle est arrivée à de telles proportions que, si nous ne vivions pas dans ce milieu, nous ne pourrions pas croire que les hommes puissent arriver à ce degré d'aberration. Les hommes sont arrivés à un état si surprenant, leur cœur s'est tellement endurci qu'ils regardent et ne voient pas, écou-

tent et n'entendent pas, et ne comprennent pas.

*
* *

48. — Un juge, un procureur, qui sait que, sur sa décision ou sur sa réquisition, des centaines, des milliers de malheureux arrachés à leur famille sont enfermés en prison, au bagne, et deviennent fous, ou se tuent avec des éclats de verre ou en se laissant mourir de faim ; qui sait qu'ils ont, eux aussi, des mères, des femmes, des enfants désespérés de la séparation, déshonorés, demandant inutilement le pardon ou même un allégement au sort de leurs pères, fils, maris, frères ; ce juge, ce procureur sont tellement abreuvés par l'hypocrisie qu'eux-mêmes et leurs semblables, leurs femmes et leurs familiers sont absolument sûrs qu'ils peuvent être en même temps des hommes très bons et très sensibles. D'après la métaphysique de l'hypocrisie, ils remplissent une mission sociale très utile.

*
* *

49. — L'hypocrisie générale a tellement pénétré, corps et âme, toutes les classes de la société actuelle que rien ne peut plus indigner personne.

*
* *

50. — Les situations de convention établies il y a des centaines d'années, reconnues depuis des siècles, se distinguant par des noms et des vêtements particuliers, et sanctionnées par diverses solennités, s'imposent tellement aux hommes qu'en oubliant les conditions ordinaires de la vie, ils ne jugent leurs actions et celles d'autrui que d'après ce point de vue conventionnel.

Ainsi un homme absolument sain d'esprit et déjà vieux, par le seul fait qu'on lui accroche quelque breloque ou qu'on le revêt d'un habit ridicule, qu'on lui met des clés au derrière ou, sur la poitrine, un cordon bleu qui siérait seulement à une fillette coquette, et qu'on lui dit qu'il est général, chambellan, chevalier de Saint-André ou une autre bêtise semblable, en devient aussitôt fier et arrogant et tout heureux ; et, au contraire, s'il perd ou n'obtient pas la breloque ou le sobriquet espéré, il devient triste et malheureux au point d'en tomber malade. Ou bien, ce qui est encore plus frappant, un jeune homme sain d'esprit, libre et même absolument à l'abri du besoin, par ce seul fait qu'on l'a nommé juge d'instruction, emprisonne une pauvre veuve, la sépare de ses jeunes enfants qui restent abandonnés, et tout cela parce que cette malheureuse vendait secrètement du vin et frustrait ainsi le Trésor d'un revenu de 25 roubles; et il ne sent pas le moindre remords. Ou bien, ce qui est plus étonnant encore, un homme, honnête et doux dans tous les autres cas, par le seul fait qu'il est revêtu d'un uniforme ou porteur d'une médaille et qu'on lui a dit qu'il est garde champêtre ou douanier, se met à tirer sur les gens, et ni lui ni ceux qui l'entourent, non seulement ne l'en rendent pas responsable, mais au contraire le considéreraient comme coupable s'il ne tirait pas. Et tout cela sans parler des juges et des jurés qui condamnent à mort, et des militaires qui tuent des milliers d'hommes sans le moindre remords, seulement parce qu'il leur est suggéré qu'ils ne sont pas simplement des hommes, mais des jurés, des juges, des généraux, des soldats. Cet état anormal et étrange s'exprime par les paroles suivantes : « Comme homme, j'ai pitié de lui; comme garde champêtre, juge, général, gouverneur, souverain, soldat, je dois le tuer ou le martyriser. »

*
* *

51. — Les malheurs et les crimes des hommes

ne proviennent pas tant de ce qu'ils ignorent leurs devoirs que de ce qu'ils admettent de faux devoirs, regardent comme leur devoir ce qui ne l'est pas, et ne considèrent nullement comme un devoir ce qui est leur devoir principal.

⁂

52. — Toute la vie de nos classes supérieures est une constante contradiction, d'autant plus douloureuse pour un homme que sa conscience est plus sensible et plus haute.

⁂

53. — L'homme ne peut pas ne pas souffrir lorsque toute sa vie est réglée d'avance par des lois auxquelles il doit obéir sous menace de châtiment, bien que ne croyant pas à leur sagesse et à leur justice, et souvent même ayant nettement conscience de leur cruauté et de leur caractère artificiel.

⁂

54. — L'homme de la classe qu'on appelle instruite souffre encore davantage des contradictions

de sa vie. Tout membre de cette classe, s'il croit à quelque chose, c'est sinon à la fraternité des hommes, du moins à un sentiment d'humanité, ou à la justice, ou à la science; et il sait aussi que toute sa vie est établie sur des principes directement opposés à tout cela, à tous les principes et du christianisme, et de l'humanité, et de la justice, et de la science.

*
* *

55. — Il est impossible que l'homme soit mis contre sa volonté dans une situation contraire à sa conscience.

*
* *

56. — Que les hommes cessent seulement d'être hypocrites, et ils verront aussitôt que la dure organisation sociale qui seule les lie et se présente à eux comme quelque chose d'indestructible, de nécessaire, de sacré, venant de Dieu, vacille déjà et ne se maintient que par le mensonge et l'hypocrisie, et que c'est nous qui la soutenons.

*
* *

57. — L'activité raisonnable de l'homme, depuis qu'il existe, est appliquée à la recherche de ce qui est le meilleur parmi les contradictions dont est remplie la vie humaine.

*
* *

58. — La solution des contradictions entre la vie et la conscience est possible par deux voies. Changer la vie ou changer la conscience. Et il semblerait qu'il ne peut y avoir de doute sur le choix.

*
* *

59. — S'il faut rechercher la conscience la plus accessible à la raison humaine (quelle qu'elle soit), il faut aussi exprimer en paroles les vérités qu'on aura reconnues; c'est par ces vérités, conduites jusqu'à la complète conscience et formulées, qu'il faut se guider au moment de l'hésitation et de la lutte.

*
* *

60. — Un seul homme ne peut agir à l'encontre du monde entier.

*
* *

61. — L'erreur, qu'il vaut mieux pour un homme s'éloigner du monde que s'exposer aux tentations, est une ancienne erreur depuis longtemps connue des Hébreux, complètement étrangère pourtant non seulement au christianisme, mais même au judaïsme.

*
* *

62. — L'homme n'est pas venu au monde pour être servi, mais pour servir et donner sa vie personnelle comme la rançon de plusieurs.

*
* *

63. — Toute notre existence est organisée de façon que chaque jouissance personnelle s'achète au prix de souffrances humaines contraires à la nature de l'homme.

*
* *

64. — Il suffit d'avoir compris que chacun de nos plaisirs, chaque minute de notre tranquillité s'achètent, grâce à notre organisation sociale, par les souffrances et les privations de milliers d'hommes, pour comprendre en même temps ce

qui est propre à la nature de l'homme, non pas à la nature animale seule, mais à la nature animale et spirituelle qui constituent l'homme.

*
* *

65. — Les hommes unis entre eux par l'erreur forment, pour ainsi dire, une masse compacte. La force d'attraction qui unit les molécules de cette masse est précisément le mal répandu dans le monde. Toute l'activité raisonnable de l'humanité a pour objet de dissoudre la force d'attraction de la masse.

Toutes les révolutions sont des tentatives de briser cette masse par la violence. Les hommes se figurent que s'ils martèlent cette masse, elle se brisera, et ils la battent en brèche ; mais, en s'efforçant de la briser, ils ne font que la forger.

Ils auront beau la marteler, la cohésion des atomes persistera jusqu'à ce qu'une force intérieure se communique à chacun des atomes et leur donne une impulsion qui désagrège la masse.

La force qui enchaîne les hommes est le mensonge, l'erreur ; la force qui détache chaque individu de la masse inerte humaine est la vérité. Or la vérité ne se transmet aux hommes que par des actes de vérité.

*
* *

66. — De même que l'individu isolé ne peut vivre sans se faire une idée de sa raison d'être et sans subordonner ses actions, inconsciemment parfois, au but qu'il donne à son existence, de même les groupes d'hommes vivant dans des conditions égales, comme les nations, ne peuvent pas ne pas donner une raison déterminante à leurs vues communes et aux efforts qui en sont la conséquence. De même que l'homme isolé, quand il avance en âge, change nécessairement sa conception de la vie et trouve à son existence un sens qu'il n'avait pas aperçu étant enfant, de même les sociétés, les nations changent nécessairement, suivant leur âge, leur conception de la vie et l'action qui en découle.

*
* *

67. — Prenez un couple de fortune moyenne dans la société et un couple de paysans dans les mêmes conditions, et comparez-les; malgré les

privations et le travail accablant dont les paysans sont surchargés, non pas par leur faute, mais grâce à l'injustice du sort qui leur est fait, vous trouverez chez les uns hommes et femmes bien portants, chez les autres hommes et femmes de plus en plus maladifs.

* * *

68. — Tous les hommes vivant au milieu de la nature et connaissant le besoin, sont endurants et peuvent attendre avec calme pendant des heures, des jours même, sans éprouver ni inquiétude, ni irritation.

* * *

69. — Cherchez parmi les hommes et trouvez, depuis le gueux jusqu'au richard, un homme qui se contente de ce qu'il gagne pour se procurer tout ce qu'il considère indispensable selon la doctrine du monde, et vous verrez que vous n'en trouverez pas un sur mille. Chacun s'épuise à vouloir acquérir ce qui lui est inutile, mais ce qui est exigé selon la doctrine du monde et ce qu'il se sent malheureux de ne pas posséder, et à

peine s'est-il procuré cet objet qu'il lui en faut un autre, puis encore un autre, et ainsi dure sans fin ce travail de Sisyphe, qui détruit la vie des hommes.

*
* *

70. — Sont rares ceux qui, possédant 500 roubles, adoptent volontiers le genre de vie de ceux qui en ont 400. Lorsque ce fait se rencontre, on s'aperçoit qu'il a pour cause non le désir de se faciliter l'existence, mais d'amasser de l'argent et de le mettre en sûreté. Chacun veut encore et encore alourdir le fardeau de son existence, déjà assez lourd, et livrer son âme, sans réserve, tout entière à la doctrine du monde. Aujourd'hui on s'achète une montre avec chaîne, puis des tapis, des tableaux, des dorures, et puis on tombe malade, surmené par un travail excessif, et on meurt. Un autre continue la même tâche et donne sa vie en sacrifice à ce même Moloch; — il meurt sans savoir lui-même pourquoi il a vécu de la sorte.

*
* *

71. — A commencer par les ouvriers des

fabriques, les cochers de fiacre, les couturières, les lorettes, jusqu'aux riches marchands et aux ministres avec leurs femmes, tous endurent l'existence la plus pénible et la plus anormale sans avoir pu acquérir ce qui passe pour indispensable à chacun d'eux, selon la doctrine du monde.

*
* *

72. — Les hommes se battent pour le sol, pour les objets qui leur sont nécessaires, puis ils arrivent à tout partager et ils appellent cela propriété ; ils trouvent que, quoique difficile à introduire, cet arrangement vaut mieux, et ils maintiennent la propriété ; les hommes se battent pour les femmes, abandonnent les enfants, puis ils trouvent qu'il vaut mieux avoir chacun sa famille, et quoiqu'il soit très difficile de nourrir une famille, ils maintiennent propriété, famille et beaucoup d'autres choses.

*
* *

73. — Traversez la foule de nos grandes villes et observez ces figures hâves, maladives et bou-

leversées; souvenez-vous de votre existence et de celle de tous les gens dont l'histoire vous est connue; souvenez-vous de toutes ces morts violentes, de ces suicides dont vous avez entendu parler et demandez-vous : au nom de quoi toutes ces souffrances, ces morts, ces désespoirs qui mènent au suicide? Et vous verrez, quelque étrange que cela vous paraisse d'abord, que les neuf dixièmes des souffrances humaines sont supportées par les hommes au nom de la *doctrine du monde*, que toutes ces souffrances sont inutiles et auraient pu ne pas exister; que la majorité des hommes sont des *martyrs de la doctrine du monde*.

*
* *

74. — Nous ne voyons pas ce que présente de difficultés et de dangers la pratique de la doctrine du monde, uniquement parce que nous sommes persuadés que cela ne peut être autrement.

*
* *

75. — Combien de martyrs ont souffert et qui

souffrent en ce moment, pour la doctrine du monde, des souffrances qu'il serait difficile d'énumérer !

∴

76. — Nous sommes tous frères, et cependant je vis du traitement qui m'est alloué pour interroger, juger, condamner le voleur ou la prostituée dont l'existence résulte de toute l'organisation de ma vie et qu'on ne doit, comme je le sais, ni condamner ni punir. Nous sommes tous frères, et je vis du traitement qui m'est alloué pour percevoir des impôts de travailleurs besogneux et les employer au bien-être des oisifs et des riches. Nous sommes tous frères, et je reçois un traitement pour prêcher aux hommes une prétendue foi chrétienne à laquelle je ne crois pas moi-même et qui les empêche de connaître la véritable ; je reçois un traitement comme prêtre, évêque, pour tromper les hommes dans la question la plus essentielle pour eux. Nous sommes tous frères, mais je ne fournis au pauvre que pour de l'argent mon travail de pédagogue, de médecin, de littérateur. Nous sommes tous frères, et je reçois un traitement pour me préparer à

l'assassinat ; j'apprends à assassiner, je fabrique des armes, de la poudre, je construis des forteresses.

*
* *

77. — On s'étonne souvent de voir une femme du monde ou un artiste, qui, semble-t-il, ne s'intéresse pas aux questions sociales ou militaires, condamner les grèves des ouvriers, prêcher la guerre et toujours sans hésiter attaquer un camp et défendre l'autre. Mais on ne s'en étonne que jusqu'au moment où l'on comprend que cela n'a lieu que parce que tous les membres des classes dirigeantes sentent instinctivement ce qui maintient et ce qui détruit l'organisation, grâce à laquelle ils peuvent jouir de leurs privilèges.

*
* *

78. — C'est sur le mensonge de l'inégalité des hommes et sur l'enivrement du pouvoir et de la servilité qui en résulte, que repose surtout la faculté des hommes, formés en organisation sociale, de commettre sans remords des actes contraires à leur conscience.

*
* *

79. — Nul besoin d'organiser aucune société, parce que le travailleur vient naturellement et de lui-même se joindre à la société existante des travailleurs.

*
* *

80. — Il y a des États, il y a des peuples ; il y a la conception abstraite de l'homme, mais *l'humanité comme conception concrète n'existe pas et ne peut pas exister.*

L'humanité ? Où sont les limites de l'humanité ? Où finit-elle ? Où commence-t-elle ? Est-ce que l'humanité s'arrête au sauvage, à l'idiot, à l'alcoolique, au fou exclusivement ? Si nous traçons une ligne qui limite l'humanité en excluant les représentants inférieurs de l'espèce humaine, où tracerons-nous cette ligne ? Exclurons-nous les nègres, comme font les Américains ? et les Indous, comme certains Anglais ? Et si nous y englobons tous les hommes sans exception, pourquoi admettrons-nous seulement les hommes et non pas les animaux supérieurs, dont beaucoup sont plus développés que les représentants inférieurs de l'espèce humaine ?

Nous ne connaissons pas l'humanité comme

un objet extérieur; nous ignorons ses limites. *L'humanité est une fiction.*

*
* *

81. — La seule force qui dirige tout et à laquelle obéissent les individus et les peuples n'a jamais été que l'opinion publique, cette puissance insaisissable qui est la résultante de toutes les forces morales d'un peuple ou de toute l'humanité.

*
* *

82. — Pour que notre ordre social, contraire à la conscience des hommes, fît place à un ordre qui y fût conforme, il faudrait que la vieille opinion publique usée fût remplacée par une opinion plus jeune et pleine de vie. Or, pour cela, il faudrait que les hommes qui ont conscience des nouvelles exigences de la vie les exprimassent clairement.

*
* *

83. — La formation de vues nouvelles sur la vie est l'affaire de l'opinion publique.

*
* *

84. — La situation de l'humanité chrétienne avec ses prisons, ses bagnes, ses gibets, ses fabriques, sa concentration des richesses, ses impôts, ses églises, ses cabarets, ses maisons publiques, ses armements toujours grandissants et ses millions d'hommes abrutis, prêts, comme des chiens, à se jeter sur ceux contre lesquels le maître les excite, serait terrible si elle était le produit de la violence, mais elle est avant tout le produit de l'opinion publique.

Or, ce qui est établi par l'opinion publique ne peut être détruit que par elle.

* * *

85. — L'opinion publique condamne de plus en plus la violence, c'est pourquoi les positions, basées sur la violence, sont de moins en moins recherchées.

* * *

86. — Je me dirigeais, une fois, vers la porte Borovitzky (à Moscou) ; sous la porte se tenait un vieux mendiant boiteux. Je tirai ma bourse pour lui faire l'aumône. Au même instant, je

vis déboucher du Kremlin, au pas de course, un jeune grenadier à la face colorée, à l'air martial, vêtu du pardessus réglementaire en peau de mouton, fourni par l'État. Le mendiant, ayant aperçu le soldat, se leva effrayé et se mit à courir à cloche-pied vers le jardin Alexandre. Le grenadier, après une vaine tentative pour le rejoindre, s'arrêta, vociférant contre le gueux qui s'était établi sous la porte contrairement au règlement. J'attendis le grenadier. Quand il fut près de moi, je lui demandai s'il savait lire.

— Oui, et quoi ?

— As-tu lu l'Evangile ?

— Oui.

— Et te souviens-tu de ces paroles : « Et qui nourrira l'affamé... » Je lui citai le passage. Il s'en souvenait et m'écouta jusqu'au bout. Je voyais qu'il était troublé. Tout à coup son regard intelligent s'anima, il me regarda par-dessus l'épaule, comme quand on s'éloigne :

— Et le règlement militaire, le connais-tu ? fit-il. Je répondis que non.

— Eh bien, alors, tu n'as rien à dire, rétorqua le grenadier avec un mouvement de tête victorieux, et, ramenant sa pelisse de mouton, il se dirigea crânement vers son poste.

C'est le seul homme que j'aie rencontré dans toute ma vie qui ait résolu avec une logique serrée l'éternelle question qui se dressait devant moi au milieu de notre état social et se dresse devant tout homme qui se dit chrétien. La question du grenadier : l'Evangile ou le règlement militaire, la loi divine ou la loi humaine, est là en face de l'humanité, aujourd'hui comme du temps de Samuel.

*
* *

87. — Plus les hommes croiront qu'il ne dépend que d'eux seuls de modifier leur vie, plus cela deviendra possible.

*
* *

88. — La marche de l'humanité, tout en étant la conséquence d'une multitude innombrable de volontés individuelles, ne subit jamais d'interruption.

*
* *

89. — Ni l'homme ni l'humanité ne peuvent revenir en arrière.

*
* *

90. — On ne peut pas rester en place quand le sol est en mouvement : si on n'avance pas, on recule, et, chose étrange et terrible, les hommes instruits de notre époque, ceux qui marchent à l'avant-garde, par leurs raisonnements spéciaux, entraînent la société en arrière, pas même vers l'état païen, mais vers l'état de barbarie primitive.

*
* *

91. — Au lieu de se donner tant et tant de mal pour organiser les plaisirs, le confort, les procédés médicaux et hygiéniques qui doivent guérir les hommes de leurs maladies spirituelles et corporelles, il ne faut faire qu'une chose : accomplir la loi de la vie, faire ce qui est le propre, non seulement de l'homme, mais de l'animal ; rendre, sous forme de travail musculaire, l'énergie reçue sous forme de nourriture ; ou, à parler la langue usuelle : Gagne ton pain, ne mange point sans travailler, ou tant tu manges, tant travaille.

*
* *

92. — L'humanité est sortie de l'âge social et entrée dans un nouveau. Elle connaît la doctrine

qui doit servir de base à ce nouvel âge, mais elle continue par inertie à conserver les anciennes formes de la vie. De cet antagonisme de la nouvelle conception avec la pratique de la vie résulte une série de contradictions et de souffrances qui empoisonnent notre existence et exigent sa modification.

*
* *

93. — Qu'il soit maître ou esclave, l'homme moderne ne peut pas ne pas ressentir la contradiction constante, aiguë, entre sa conscience et la réalité, il ne peut pas ne pas connaître les souffrances qui en résultent.

*
* *

94. — De même qu'un individu isolé ne change pas son existence seulement pour des raisons morales, mais que, le plus souvent, il continue à vivre comme par le passé, malgré le nouveau sens et le nouveau but dévoilés par la raison, et ne modifie sa vie que lorsqu'elle est devenue absolument contraire à sa conscience et, par suite, intolérable ; de même, l'humanité ayant appris par ses guides religieux le nouveau sens

de la vie, les nouveaux buts qu'elle doit atteindre, continue longtemps encore après cette initiation à vivre comme par le passé et n'est amenée à accepter la conception nouvelle que par l'impossibilité de continuer l'ancienne vie.

*
* *

95. — La situation de l'humanité, avec ses forteresses, ses canons, sa dynamite, ses fusils, ses torpilles, ses prisons, ses gibets, ses églises, ses fabriques, ses douanes, est réellement terrible ; mais ni les forteresses, ni les canons, ni les fusils, ne tirent d'eux-mêmes, les gibets ne pendent pas, les églises ne trompent personne toutes seules. Tout cela est fait par des hommes. Et lorsque les hommes comprendront qu'il ne faut pas le faire, tout cela n'existera plus. Et ils commencent déjà à le comprendre. Si ce n'est tout le monde, du moins les hommes de l'avant-garde, ceux qui seront suivis de tous les autres. Et cesser de comprendre ce qu'on a compris une fois est impossible, et ce qu'ont compris les hommes de l'avant-garde, les autres peuvent et doivent le comprendre.

*
* *

96. — Comment se peut-il que l'homme sache par la pensée ce qu'il faut faire et qu'il fasse ensuite tout le contraire ?

*
* *

97. — Pourquoi les hommes cultivés et humains, capables en général de toute action honnête, n'ont-ils pas le sentiment de leur mauvaise action ?

*
* *

98. — Pour que les hommes changent leur manière de vivre et de sentir, il faut avant tout qu'ils changent leur manière de penser ; et pour qu'un tel changement se produise, il faut que les hommes deviennent plus attentifs à ce qu'ils doivent comprendre.

*
* *

99. — Pourquoi ne pas espérer que nous comprendrons enfin qu'il n'y a pas de devoir plus impérieux que celui de supprimer les inégalités sociales ?

*
* *

100. — Comment les hommes se sentent-ils trop à l'étroit sur cette belle terre, sous l'infini de ce ciel étoilé? Comment peuvent-ils nourrir des sentiments de haine et de vengeance, une rage de destruction de leurs semblables? Tout ce qui grouille de mauvais dans le cœur de l'homme devrait se dissiper dans l'intimité avec la nature, — cette expression absolue du beau et du bon.

*
* *

101. — Les hommes se tiennent auprès d'une source à l'eau toujours accrue, et sont occupés à tenir à l'écart les gens qui ont soif; et ils affirment que ce sont eux qui produisent cette eau, et que bientôt elle sera amassée en assez grande quantité pour suffire à tout le monde. Mais cette eau qui coule et coule sans s'arrêter, et qui nourrit tout ce genre humain, non seulement elle n'est pas produite par l'activité de ces hommes qui, se tenant près de la source, la puisent, mais elle coule et s'épand au loin, malgré les efforts de ces hommes pour arrêter son flot.

*
* *

102. — Notre vie devient chaque année et plus débile, et plus maladive et plus douloureuse ; chaque année s'accroît davantage le nombre des suicides et des refus d'engendrer ; nous sentons d'année en année s'appesantir l'angoisse de notre vie, et de génération en génération les gens de *notre monde* vont s'affaiblissant davantage. Autour de nous les gens meurent sous la charge d'un travail au-dessus de leurs forces, sous la charge de la misère ; nous détruisons le travail des autres hommes, la nourriture, le vêtement qui leur sont nécessaires, à la seule fin de trouver des distractions, de la variété dans l'ennui de notre vie. Et c'est pourquoi la conscience de l'homme de notre monde, si peu qu'il lui en reste, ne peut pas s'assoupir et empoisonne toutes ces commodités, tous ces agréments que nous fournissent nos frères souffrants et accablés de travail.

On ne peut corriger le mal qu'en changeant la vie. La conscience des hommes ne peut pas être apaisée par de nouvelles inventions, mais seulement par une vie nouvelle, dans laquelle il n'y aura ni besoin ni lieu de se justifier.

∴

103. — Si endormie qu'elle soit, la conscience humaine se manifeste même à travers l'autosuggestion et la suggestion, elle commence déjà à parler et, encore un peu, elle se réveillera et réveillera la conscience humaine.

II

LA RELIGION

104. — Je n'ai pas toujours eu les idées religieuses que je professe actuellement. Pendant trente-cinq années de ma vie, j'ai été nihiliste, dans l'exacte acception du mot, c'est-à-dire non pas un socialiste révolutionnaire, mais un homme qui ne croit à rien.

Il y a cinq ans, la foi me vint; je crus à la doctrine de Jésus et toute ma vie changea subitement[1].

∴

105. — Il y a dix-huit cents ans, au milieu du monde romain, est apparue une nouvelle doctrine, étrange, ne ressemblant à aucune de celles

[1] Voir l'appendice IV.

qui l'avaient précédée et attribuée à un homme appelé Jésus.

*
* *

106. — Jésus n'a jamais écrit lui-même un livre, comme l'ont fait Platon ou Marc-Aurèle ; il n'a pas non plus, comme Socrate, transmis sa doctrine à des hommes instruits et lettrés. Il l'a offerte seulement aux hommes ignorants et grossiers qu'il rencontrait sur sa route, le long de sa vie ; et c'est seulement quelque temps après sa mort, cent ans après environ, que les hommes se sont avisés de la grande importance de ses paroles, et ont eu l'idée d'en mettre la relation par écrit.

*
* *

107. — Les Évangiles ne sont pas des livres sacrés tombés droit du ciel comme un testament du Saint-Esprit, mais de simples monuments historiques de la littérature religieuse.

*
* *

108. — « Ne résiste pas au méchant, » telle est la base de l'enseignement de Jésus.

*
* *

109. — Ne résiste pas au méchant veut dire : ne résiste jamais, c'est-à-dire n'oppose jamais la violence, autrement dit : ne commets jamais rien qui soit contraire à l'amour.

*
* *

110. — « Présenter la joue, aimer ses ennemis, » c'est exprimer l'essence même du christianisme.

*
* *

111. — Le commandement d'aimer Dieu et son prochain n'est pas seulement un commandement de Jésus, mais aussi de Moïse.

La doctrine métaphysique de Moïse n'est pas neuve, c'est toujours la même doctrine de l'humanité qui est inscrite dans le cœur des hommes et qui a été prêchée par tous les vrais sages du monde. Mais la force de la doctrine de Jésus est dans l'application de cette doctrine métaphysique à la vie.

*
* *

112. — La doctrine de Jésus, comme toute doctrine religieuse, contient deux parties : 1° une partie morale, éthique, où il est enseigné comment les hommes doivent vivre chacun séparément et tous ensemble ; 2° une partie métaphysique où se trouve expliqué pourquoi il faut que les hommes vivent ainsi et non autrement. — L'une est la conséquence et en même temps la raison de l'autre. L'homme doit vivre ainsi parce que telle est sa destinée, ou bien : la destinée de l'homme est telle, par conséquent, il doit vivre ainsi. Ces deux parties de toute doctrine existent dans toutes les religions du monde, dans la religion des brahmines, de Confucius, de Bouddha, de Moïse comme dans la religion du Christ. Mais il en a été de la doctrine de Jésus comme de toutes les autres : judaïsme, bouddhisme, brahmanisme. Les hommes s'écartent de la doctrine qui règle la vie, et il se trouve toujours quelqu'un qui se charge de justifier ces écarts.

*
* *

113. — La doctrine de Jésus donne la seule chance de salut possible pour échapper à l'anéantissement inévitable qui menace la vie personnelle.

*
* *

114. — Le sens de la doctrine de Jésus est simple et clair; mais les commentaires de sa doctrine basés sur le désir de sanctionner le mal existant l'ont tellement obscurcie, qu'il faut de puissants efforts pour la découvrir.

*
* *

115. — Dès mon enfance, on m'avait enseigné que Jésus est Dieu et que sa doctrine est divine, mais en même temps on m'apprenait le respect des institutions qui garantissent par la violence ma sécurité contre le méchant; on m'enseignait à considérer ces institutions comme sacrées. On m'apprenait à juger et à punir. Puis on m'enseignait le métier des armes ; on appelait l'armée dont je faisais partie : « Armée christophile » et on implorait sur elle la bénédiction chrétienne. Je ne voyais pas qu'il était impossible de confesser la doctrine de Jésus : « Ne résiste pas au

méchant, » et en même temps de travailler avec préméditation à l'organisation de la propriété, des tribunaux, de l'État, des armées, — d'organiser, en un mot, une existence contraire à la doctrine de Jésus. Je n'avais pas encore pensé *à ce qui me paraît clair* maintenant, que c'eût été bien plus simple d'organiser la vie selon la loi de Jésus, qui n'admet ni tribunaux, ni massacres, ni guerres, absolument inutiles à notre bonheur.

*
* *

116. — Toute la doctrine de Jésus n'a qu'un but : donner le règne de Dieu aux hommes, — *la paix.*

*
* *

117. — Le règne de Dieu sur la terre, c'est la paix de tous les hommes entre eux; c'est ainsi que tous les prophètes hébreux concevaient le règne de Dieu. La paix entre les hommes est le plus grand bien sur la terre qui soit à la portée de tous.

*
* *

118. — Il est impossible de confesser la doctrine de Jésus : « Ne résiste pas au méchant » et, en même temps, de travailler avec préméditation à l'organisation de la propriété, des tribunaux, de l'État, des armées, — d'organiser, en un mot, une existence contraire à la doctrine de Jésus.

*
* *

119. — Si l'on adopte la loi de Jésus — « ne résiste pas au méchant » — on reste seul, on peut passer de mauvais moments, on est persécuté et affligé. Mais que l'on adopte la loi humaine — on est approuvé par tout le monde ; on est tranquille, protégé et l'on a à sa disposition toutes les ressources de l'intelligence pour mettre la conscience à l'aise.

*
* *

120. — Jésus réprouve l'institution de toute espèce de tribunaux humains, quels qu'ils soient.

*
* *

121. — Comment un homme qui, d'après sa

religion, doit pardonner sans fin à tout le monde pourrait-il juger et condamner? Ainsi je vois que, selon la doctrine de Jésus, il ne saurait y avoir de juge chrétien qui condamne.

* * *

122. — Deux espèces d'hommes n'admettent jamais, même en principe, le sens direct du commandement de Jésus : « Ne résistez point au méchant. » Ces hommes appartiennent à deux pôles extrêmes : les chrétiens patriotes conservateurs, qui professent l'infaillibilité de leur Église, et les révolutionnaires athées. Ni les uns ni les autres ne veulent renoncer au droit de résister par la violence à ce qu'ils regardent comme le « mal ». Et les plus savants, les plus intelligents d'entre eux ne veulent point voir cette vérité simple et évidente, que si l'on admet le droit d'un homme de résister par la violence à ce qu'il envisage comme le mal, tout autre homme aura également le droit de résister par la violence à ce que cet autre homme considère comme le mal.

* * *

123. — Nous voyons des hommes savants et

intelligents, naïvement persuadés qu'ils se sont affranchis de toute religion, uniquement parce qu'ils rejettent toutes les explications métaphysiques du principe universel qui jadis suffisaient à la vie d'une génération disparue. Ils ne font pas cette réflexion qu'on ne saurait vivre de néant ; chaque être humain vit au nom d'un principe quelconque, et ce principe, au nom duquel il vit d'une certaine manière, n'est autre chose que sa religion. Ces gens sont persuadés qu'ils n'ont aucune religion. Pourtant, quelles que soient leurs allégations, ils ont une religion, du moment qu'ils commettent des actes raisonnés, car un acte raisonné est déterminé par une foi quelconque. Leur foi a pour objet les ordres qu'ils reçoivent. La foi des gens qui nient la religion est la religion de l'obéissance à tout ce qui se fait par la majorité puissante, c'est-à-dire en deux mots : la soumission aux pouvoirs établis.

*
* *

124. — La science et la philosophie, croyant être hostiles au pseudo-christianisme et s'en faisant gloire, ne travaillent que pour lui.

*
* *

125. — L'éthique, l'enseignement moral, a disparu sans laisser de traces de notre société pseudo-chrétienne.

*
* *

126. — Nous avons organisé toute notre existence sur les bases mêmes que Jésus réprouve; nous ne voulons pas comprendre sa doctrine dans son acception simple et directe, et nous assurons aux autres et à nous-mêmes que nous suivons sa doctrine, ou bien que sa doctrine ne saurait nous convenir.

*
* *

127. — Nous avons organisé notre ordre social, nous l'aimons et le considérons comme sacré. Vient Jésus, que nous reconnaissons Dieu et qui nous dit que notre organisation est mauvaise. Nous le reconnaissons Dieu, mais nous ne voulons pas renoncer à notre organisation.

*
* *

128. — Tout ce qui constitue actuellement la vie, c'est-à-dire l'activité des sociétés humaines

dans le sens du progrès vers le bien : le socialisme, le communisme, les nouvelles théories politico-économiques, l'utilitarisme, la liberté et l'égalité des hommes, des classes sociales et des femmes, tous les principes moraux de l'humanité, la sainteté du travail, de la raison, de la science, de l'art, tout ce qui donne l'impulsion au monde et paraît hostile à l'Église, tout cela n'est autre chose que des débris de la même doctrine, apportée par l'Église, mais qu'elle s'efforçait de cacher soigneusement.

*
* *

129. — Par suite de l'ivresse du pouvoir, les hommes qui y sont ont perdu à tel point la notion de ce qui est le christianisme, que tout ce qui s'y trouve de réellement chrétien leur apparaît comme hérétique, tandis que tout ce qui, dans les Saintes Écritures, peut être dans le sens antichrétien et païen leur apparaît comme le principe même du christianisme.

*
* *

130. — Non seulement il n'y a rien de commun entre les Églises et le christianisme, sauf le nom,

mais leurs principes sont absolument opposés et hostiles. Les unes représentent l'orgueil, la violence, la sanction arbitraire, l'immobilité et la mort; l'autre, l'humilité, la pénitence, la soumission, le mouvement et la vie. On ne peut pas servir en même temps ces deux maîtres : il faut choisir l'un ou l'autre.

*
* *

131. — Nulle part en Europe il n'existe un gouvernement aussi despotique et qui concorde aussi bien avec l'Église actuelle qu'en Russie. Aussi la participation du pouvoir à la démoralisation du peuple russe est-elle des plus grandes. Mais il serait injuste de croire que l'Église russe se distingue par quelque chose de n'importe quelle autre Église, dans son influence sur le peuple.

Les Églises sont partout les mêmes, et si les Églises catholique, anglicane, luthérienne, n'ont pas sous la main un gouvernement aussi docile, ce n'est pas faute de le désirer.

*
* *

132. — Pour soumettre au christianisme les

peuples sauvages qui ne nous attaquent pas et que nous n'avons aucun motif d'opprimer, nous devrions avant tout les laisser tranquilles et n'agir sur eux que par l'exemple des vertus chrétiennes : la patience, la douceur, l'abstinence, la pureté, la fraternité, l'amour. Au lieu de cela, nous nous empressons d'établir chez eux de nouveaux marchés pour notre commerce ; nous les dépouillons en nous emparant de leurs terres ; nous les corrompons en leur vendant de l'alcool, du tabac, de l'opium, et nous établissons chez eux nos mœurs en leur apprenant la violence et de nouveaux moyens de destruction. En un mot, nous leur enseignons la seule loi de la lutte animale, au-dessous de laquelle l'homme ne peut descendre, et nous avons soin de leur cacher tout ce qu'il peut y avoir de chrétien en nous. Puis, nous leur envoyons deux douzaines de missionnaires, qui leur débitent des fadaises hypocrites, et nous donnons comme preuves irrécusables de l'impossibilité d'appliquer les vérités chrétiennes dans la vie pratique les expériences de conversions.

*
* *

133. — Jamais depuis le temps d'Arius il n'y a eu un seul dogme qui ne résultât du désir de contredire un dogme opposé.

*
* *

134. — L'humanité ne peut continuer à comprendre la vie comme précédemment. Il lui faut une nouvelle conception de l'existence, conception d'où résulte l'activité nouvelle concordant à ce nouvel état dans lequel elle est entrée.

C'est à cette nécessité que répond la faculté particulière de l'humanité d'enfanter des hommes qui viennent donner à toute la vie humaine un nouveau sens, d'où résulte une action toute différente de l'ancienne. L'établissement de ces nouvelles conceptions et de l'action nouvelle qui en est le résultat, est ce qu'on appelle *religion*.

*
* *

135. — La religion n'est pas, comme le pense la science, un phénomène qui a jadis accompagné le développement de l'humanité et qui ne s'est plus renouvelé, mais bien un phénomène

propre à la vie humaine et absolument naturel à l'humanité aujourd'hui encore, comme en tout autre temps.

*
* *

136. — Dans tous les temps, il y a eu des hommes chez lesquels la faculté de prévoir la voie de l'humanité s'est manifestée avec une force particulière, et qui, exprimant nettement et exactement ce que sentaient vaguement tous les hommes, établissaient une nouvelle action pour plusieurs siècles ou milliers d'années.

Ces conceptions sont au nombre de trois : 1° vie personnelle ou animale ; 2° vie sociale ou païenne ; 3° vie universelle ou divine.

Ces trois conceptions de la vie servent de base à toutes les religions qui existent ou ont existé.

*
* *

137. — Toute la vie historique de l'humanité n'est autre chose qu'un passage graduel de la conception de la vie personnelle, animale à la conception sociale, et de celle-ci à la conception divine.

*
* *

138. — L'essence de toute doctrine religieuse n'est pas dans le désir d'une expression symbolique des forces de la nature, ni dans la terreur qu'inspirent ces forces, ni dans un besoin du merveilleux, ni dans les formes extérieures où elle se manifeste, comme le croient les hommes de la science.

L'essence de la religion est dans la faculté qu'ont les hommes de prophétiser et d'indiquer la voie que doit suivre l'humanité dans une direction autre que celle suivie anciennement et d'où résulte une tout autre action de l'humanité dans l'avenir.

*
* *

139. — La religion officielle appelée christianisme se sépare de celle de Jésus par bien des divergences, au nombre desquelles on constate tout d'abord la suppression du commandement qui nous interdit de nous opposer au mal par la force.

*
* *

140. — S'il y a une différence entre celui qui professe publiquement le christianisme

et celui qui le nie, ce n'est pas en faveur du premier.

⁂

141. — L'Église pseudo-chrétienne n'a plus rien, excepté les temples, les images, les draps d'or et les mots.

⁂

142. — Tout ce qui est vivant est indépendant de l'Église.

⁂

143. — L'enseignement de la religion pseudo-chrétienne n'a pas d'action sur la vie.

⁂

144. — L'homme vit, souvent très longtemps, en s'imaginant que la foi, dans laquelle il a été instruit dans son enfance, vit pleinement en lui, tandis qu'il n'y en a plus de traces depuis longtemps.

⁂

145. — La connaissance de la foi prend sa

source, ainsi que l'intelligence humaine, dans une origine mystérieuse.

*
* *

146. — L'Évangile est la révélation de cette vérité, que la source première de la vie n'est pas un Dieu extérieur aux choses, comme les hommes se l'imaginent, mais simplement la compréhension même de la vie.

*
* *

147. — Une foi dont ne découlent pas des actes n'est pas la foi.

*
* *

148. — Pour avoir la foi, il ne faut compter sur aucune promesse de récompense.

*
* *

149. — La base de la foi, c'est le sens qu'on prête à la vie et qui détermine ce que l'on y estime important et bon, ou peu important et

mauvais. La foi même, c'est l'appréciation du bien et du mal.

*
* *

150. — L'esprit infini est la source de toutes choses; c'est lui qui est Dieu. Nous ne pouvons le connaître qu'en nous-mêmes. Il est la source de notre vie.

*
* *

151. — Ce n'est pas l'esprit qui comprend Dieu, c'est la vie qui le fait comprendre[1].

*
* *

152. — La vie de l'homme dans l'esprit a plus d'importance que toutes les cérémonies religieuses.

*
* *

153. — Le royaume des cieux n'existe que dans le cœur des hommes.

Le royaume des cieux n'est autre chose que la compréhension de la vie ; il est comme

[1] Voir l'Appendice IV.

l'arbre du printemps, qui grandit au moyen des éléments fournis par sa propre substance.

⁂

154. — On ne peut pas vivre sans foi.

⁂

155. — La foi est la connaissance du sens de la vie humaine, connaissance qui fait que l'homme ne se détruit pas, mais vit.

⁂

156. — La foi est la force de la vie. Si l'homme vit, c'est qu'il croit en quelque chose.

⁂

157. — Le but de l'homme dans la vie est de faire son salut ; pour cela il faut vivre en Dieu, et pour vivre en Dieu il faut renoncer à toutes les jouissances de la vie, travailler, s'humilier, souffrir et être charitable.

⁂

158. — Connaître Dieu, vivre et aimer, c'est la même chose.

Dieu, c'est la Vie. Dieu, c'est l'Amour.

*
* *

159. — Le seul temple vraiment sacré est le monde des hommes unis dans l'amour.

III

LE POUVOIR

160. — La base du pouvoir est la violence physique ; et la possibilité de faire subir aux hommes une violence physique est due à des individus mal organisés, de telle façon qu'ils agissent d'accord tout en se soumettant à une seule volonté.

*
* *

161. — C'est la composition et la force de l'armée, nécessaires à la garantie du pouvoir, qui ont introduit dans la conception sociale de la vie le germe démoralisateur.

*
* *

162. — Le but du pouvoir et sa raison d'être sont dans la limitation de la liberté des hommes qui voudraient mettre leurs intérêts personnels au-dessus des intérêts de la société. Mais que le pouvoir soit acquis par l'armée, par l'hérédité ou par l'élection, les hommes qui le possèdent ne se distinguent en rien des autres hommes et, comme eux, ils sont portés à ne pas subordonner leur intérêt à l'intérêt général; *au contraire*.

*
* *

163. — La tâche de la « machine » gouvernementale et sociale consiste à morceler la responsabilité des méfaits qui se commettent, de façon que personne ne sente à quel point ces actes sont contraires à sa nature. Les uns rédigent les lois; les autres les appliquent; les troisièmes endurcissent les gens à la discipline, c'est-à-dire à l'obéissance irréfléchie et passive; les quatrièmes, ces même gens déjà endurcis, se font les instruments de toute espèce de coercition, et tuent leurs semblables sans savoir ni dans quoi but ni pour quel motif.

*
* *

164. — Le christianisme dans sa véritable signification détruit l'État.

*
* *

165. — L'influence morale agit sur les désirs mêmes de l'homme, et les modifie dans le sens de ce qu'on lui demande. L'homme qui subit l'influence morale agit selon ses désirs. Tandis que le pouvoir, dans le sens ordinaire de ce mot, est un moyen de forcer l'homme à agir contrairement à ses désirs.

L'homme soumis au pouvoir agit non pas comme il le veut, mais comme il est obligé de le faire ; et c'est seulement par la violence physique, c'est-à-dire l'emprisonnement, la torture, la mutilation, ou par la menace de ces châtiments, qu'on peut forcer l'homme à faire ce qu'il ne veut pas. C'est en cela que consiste et a toujours consisté le pouvoir.

*
* *

166. — Tous les hommes sont élevés avant tout dans l'habitude de l'obéissance aux lois. Toute la vie de notre époque est établie sur ces

lois. L'homme se marie, divorce, élève ses enfants, professe même une croyance (dans bien des pays) conformément à la loi. Quelle est donc cette loi sur laquelle repose toute notre existence ? Les hommes y croient-ils ? La considèrent-ils comme vraie ? Nullement. Le plus souvent, les hommes de notre époque ne croient pas à la justice de cette loi, ils la méprisent et pourtant s'y soumettent.

* * *

167. — On a tort de dire que la doctrine chrétienne concerne le salut personnel seul, mais ne concerne pas les questions d'État.

* * *

168. — L'égalité devant la loi !

Est-ce que la vie des hommes se passe dans la sphère d'action de la loi ! Une millième partie, peut-être ; le reste agit en dehors, c'est-à-dire dans la sphère des mœurs.

* * *

169. — Autrefois on accusait les tyrans des

crimes commis, tandis qu'aujourd'hui des forfaits, impossibles sous les Nérons, se commettent sans qu'on puisse en accuser personne. Les uns ont demandé, les autres ont proposé, les troisièmes ont rapporté, les quatrièmes ont décidé, les cinquièmes ont confirmé, les sixièmes ont ordonné et les septièmes ont exécuté. On pend, on fustige jusqu'à la mort des femmes, des vieillards, des innocents, comme en Russie, comme cela se fait partout en Europe et en Amérique, dans la lutte contre les anarchistes et autres révolutionnaires, on fusille, on tue des centaines, des milliers d'hommes ; ou, comme cela se fait à la guerre, on massacre des millions d'hommes ; ou, comme cela se fait toujours, on perd des hommes par l'emprisonnement cellulaire, par la débauche des casernes, — et personne n'est responsable.

*
* *

170. — L'ivresse que ressentent les hommes sous l'influence de ces excitants : revues, promenades militaires, solennités religieuses, couronnements, est un état aigu et provisoire, mais il y a d'autres états d'enivrement chroniques : celui des hommes qui détiennent une parcelle quelconque

du pouvoir, depuis le souverain jusqu'au plus humble policier, et celui des hommes qui se soumettent au pouvoir et qui sont abrutis de servilité et qui, pour justifier cet état, attribuent toujours, comme tous les esclaves, la plus grande importance et la plus haute dignité à ceux auxquels ils obéissent.

*
* *

171. — Ceux qui possèdent le pouvoir sont convaincus que, seule, la violence guide les hommes ; c'est pourquoi ils l'emploient pour maintenir l'ordre de choses existant. Or, cet ordre se maintient non pas par la violence, mais par l'opinion publique dont l'action est compromise par la violence. C'est pourquoi l'action de la violence affaiblit ce qu'elle veut précisément maintenir.

*
* *

172. — Les hommes qui oppriment, c'est-à-dire ceux qui participent à l'administration, et les hommes qui profitent de l'oppression, c'est-à-dire les riches, ne constituent plus aujourd'hui,

comme autrefois, l'élite de la société et ne présentent plus l'idéal de bonheur et de grandeur vers lequel tendaient jadis tous les opprimés.

*
* *

173. — La peur de supprimer la défense visible du gendarme est une peur particulière aux gens des villes, c'est-à-dire aux gens qui vivent dans des conditions anormales et artificielles. Ceux qui vivent dans des conditions normales, non dans les villes, mais au milieu de la nature et luttant avec elle, n'ont pas besoin de cette protection et savent combien la violence nous protège peu contre les dangers réels qui les entourent. Dans cette terreur il a quelque chose de maladif qui provient surtout de ces conditions artificielles, dans lesquelles la plupart de nous vivent et grandissent.

*
* *

174. — On croit généralement que les gouvernements augmentent les armées uniquement pour la défense extérieure du pays, alors que les armées leur sont surtout nécessaires pour leur

propre défense contre les sujets opprimés et réduits à l'esclavage.

*
* *

175. — Pour acquérir le pouvoir et le conserver, il faut aimer le pouvoir. Et l'ambition ne s'accorde pas avec la bonté, mais, au contraire, avec l'orgueil, la ruse, la cruauté.

*
* *

176. — Ce ne sont pas les meilleurs, mais les pires qui ont toujours été au pouvoir et qui y sont encore.

*
* *

177. — Le pouvoir choisit et attire les éléments les plus mauvais de la société, les transforme, les améliore, les adoucit, parfois après une génération, parfois après plusieurs, et les rend à la société.

*
* *

178. — Les socialistes, les communistes, les

anarchistes avec leurs bombes, leurs émeutes, leurs révolutions, sont loin d'être aussi dangereux pour les gouvernements que les hommes isolés, qui proclament de tous côtés leurs refus à la participation à l'organisation sociale.

*
* *

179. — Un des phénomènes étonnants de notre époque, c'est que la propagande de la servitude faite par les gouvernements qui en ont besoin, est faite également par les partisans des théories sociales, qui se considèrent comme les apôtres de la liberté.

*
* *

180. — Les avantages du pouvoir et de tout ce qu'il procure, les avantages de la richesse, des honneurs, du luxe sont le but de l'activité humaine tant qu'ils ne sont pas atteints, mais aussitôt que l'homme y est parvenu, il s'aperçoit de leur vanité. Ces avantages perdent peu à peu leur séduction, comme les nuages qui n'ont de forme et d'éclat que vus de loin.

*
* *

181. — La marche de la vie a amené les gouvernements à une situation telle que pour se maintenir ils doivent demander aux hommes des actes qui sont en désaccord avec la véritable doctrine chrétienne.

*
* *

182. — Dominer veut dire violenter, violenter veut dire faire ce que ne veut pas celui sur lequel est commise la violence et certes ce que ne voudrait pas supporter celui qui la commet ; par conséquent, être au pouvoir veut dire faire à autrui ce que nous ne voudrions pas qu'on nous fît, c'est-à-dire faire du mal.

*
* *

183. — Se soumettre veut dire préférer la patience à la violence, et préférer la patience à la violence veut dire être bon ou moins méchant que ceux qui font aux autres ce qu'ils ne voudraient pas qu'on leur fît.

*
* *

184. — Le pouvoir gouvernemental, si même

il fait disparaître les violences intérieures, introduit toujours dans la vie des hommes des violences nouvelles, de plus en plus grandes, en raison de leur durée et de leur force. De sorte que, si la violence du pouvoir est moins évidente que celle des particuliers, parce qu'elle se manifeste non par la lutte, mais par l'oppression, elle n'existe pas moins et le plus souvent à un degré plus élevé.

*
* *

185. — Que la violence gouvernementale soit supprimée ou non, la situation des bons, opprimés par les méchants, ne changera pas.

*
* *

186. — Les méchants dominent toujours les bons et les violentent toujours.

*
* *

187. — La plupart des monuments sont élevés aujourd'hui, non plus à des hommes d'État, à des généraux et encore moins à des riches, mais à

des artistes, savants, inventeurs, à des hommes qui, loin d'avoir quelque chose de commun avec le gouvernement, ont souvent lutté contre lui. Ce sont eux surtout que la poésie et les arts glorifient.

*
* *

188. — Les gouvernants sentent déjà leur impuissance et leur faiblesse, et déjà les hommes de la conception chrétienne se réveillent de leur torpeur et commencent à sentir leur force.

*
* *

189. — Le changement dans l'existence de l'humanité, à la suite duquel les puissants abandonneront le pouvoir sans qu'il se trouve personne pour les remplacer, ne se produira que lorsque la conception chrétienne, facilement assimilable, triomphera des hommes non plus l'un après l'autre, mais en un seul coup de toute la masse inerte.

*
* *

190. — Le monde humain, avec ses différents états et religions, doit être changé de fond en

comble. Tous les pouvoirs humains doivent disparaître.

*
* *

191. — Le temps vient où toutes les institutions basées sur la violence disparaîtront par suite de leur inutilité, de leur stupidité, et même de leur inconvenance évidente.

*
* *

192. — Le temps viendra — il vient — où tout le monde comprendra clairement que les autorités sont absolument inutiles et ne font que gêner, où les hommes qu'ils gênent leur diront avec douceur et calme : « Ne nous gênez pas, je vous prie. »

IV

LE PATRIOTISME

193. — Le patriotisme, c'est l'esclavage.

∴

194. — Pour l'homme qui vit en esprit il ne saurait y avoir de patrie.

∴

195. — Les gens les plus bornés ne peuvent s'empêcher de reconnaître que le patriotisme est absolument incompatible avec les règles morales auxquelles leur vie est soumise.

∴

196. — Ce que de nos jours on nomme patriotisme, c'est uniquement, d'une part, une disposition d'esprit entretenue sans cesse parmi les peuples par l'école, la religion, la presse vénale qui travaille pour le gouvernement ; d'autre part, c'est une exaltation temporaire que les classes dirigeantes excitent par des moyens exceptionnels parmi la classe du peuple dont le niveau moral et intellectuel est le moins élevé, et qu'elles font passer pour l'expression même de la volonté de tout le peuple.

* * *

197. — Si seulement les hommes disaient ce qu'ils pensent, et non ce qu'ils ne pensent point, aussitôt s'évanouiraient les idées superstitieuses qui découlent du patriotisme, et tous les mauvais sentiments, et toutes les violences qui sont fondés sur lui.

* * *

198. — Le patriotisme est un cruel vestige d'un temps que nous avons achevé de vivre ; s'il se conserve, c'est par la force d'inertie ; c'est aussi

parce que les gouvernements et les classes dirigeantes, sentant que leur force et même leur existence y sont liées, s'efforcent de l'entretenir par ruse et par force dans l'esprit du peuple.

V

LE MILITARISME

199. — Les vrais chrétiens doivent refuser de se soumettre au service militaire.

*
* *

200. — La doctrine chrétienne prescrit au chrétien l'humilité, la non-résistance au mal; elle lui ordonne d'aimer tous les hommes et même ses ennemis; le chrétien ne peut donc pas être soldat, c'est-à-dire appartenir à une classe de gens dont la seule raison d'être est de tuer leurs semblables.

*
* *

201. — Comment concilier la doctrine nettement exprimée par Jésus et contenue dans le

cœur de chacun de nous — pardon, humilité, patience, amour de tous, amis ou ennemis, — avec l'exigence de la guerre et de ses violences contre nos concitoyens ou l'étranger ?

*
* *

202. — Tous les jeunes gens élevés d'après la doctrine de l'Église, *surnommée* chrétienne, se rendent chaque année, à terme fixe, dans les bureaux de conscription et, sous la direction de leurs prêtres, renoncent sciemment à Jésus[1].

*
* *

203. — Jésus a dit : « Prends ta croix et suis-moi, c'est-à-dire supporte avec soumission le sort qui t'est tombé en partage et obéis-moi, moi qui suis ton Dieu. » Personne ne bouge. Mais que le dernier des hommes galonné, dont la spécialité est de tuer ses semblables, ait la fantaisie de dire : « Prends, non pas ta croix, mais ton havresac et ta carabine, et marche à une mort certaine assaisonnée de toutes sortes de souffrances », — et tout le monde accourt. Abandonnant

[1] Voir l'appendice IV.

famille, parents, femmes, enfants, affublés de costumes grotesques et se plaçant sous les ordres du premier venu d'un rang plus élevé, affamés, transis, éreintés par des marches forcées, ils vont sans savoir où, comme un troupeau de bœufs, à la boucherie; mais ce ne sont pas des bœufs, ce sont des hommes. Ils se demandent pourquoi ils font cela et, sans recevoir de réponse, avec le désespoir dans le cœur, ils marchent et meurent de froid, de faim, de maladies contagieuses, jusqu'au moment où on les place à la portée des balles et des boulets en leur commandant de tuer de leur côté des hommes qu'ils ne connaissent pas. Ils tuent et on les tue. Et chacun d'eux ne sait à quelle fin ni pour quelle raison. Un ambitieux quelconque n'a qu'à brandir l'épée en prononçant des paroles ronflantes pour qu'on se précipite en masse à la mort; et personne ne trouve que c'est difficile. Non seulement les victimes, mais leurs parents ne trouvent pas que cela soit difficile. Eux-mêmes encouragent leurs enfants à le faire. Il leur paraît que non seulement cela doit être ainsi et qu'on ne peut faire autrement, mais encore que c'est admirable et moral.

204. — Au lieu de ces haines nationales qu'on nous inspire sous le titre de « patriotisme » ; au lieu de cette gloire attachée au meurtre — à la guerre, qu'on nous représente, dès l'enfance, comme quelque chose de superbe, il faut, au contraire, enseigner l'horreur et le mépris de toutes ces carrières : militaires, diplomatiques et politiques, qui servent à diviser les hommes, il faut enseigner à considérer comme un indice de culture sauvage la division des hommes en États politiques quelconques, la diversité des codes et des frontières ; que massacrer des étrangers, des inconnus sans le moindre motif est le plus horrible forfait dont peut seul être capable un homme égaré et dépravé, tombé au dernier degré de la bête.

*
* *

205. — Tendre sa poitrine aux coups des autres, — oui ; fusiller ses semblables, — jamais ! Ce n'est pas une défense, c'est une tuerie !

*
* *

206. — Nous ne reconnaissons pas la nécessité

de l'armée et de la guerre, et nous devons supporter de terribles charges pour l'entretien des troupes et les frais de la guerre.

*
* *

207. — Le nombre des victimes de la guerre dans notre siècle seulement s'élève à trente millions d'hommes. Si ces martyrs de la doctrine du monde avaient refusé de suivre cette doctrine du monde, ils auraient évité les souffrances et la mort.

*
* *

208. — L'impulsion une fois donnée, nul ne saurait plus l'arrêter : la grande roue motrice, en accélérant rapidement sa rotation, entraîne à sa suite toutes les autres : lancées à fond de train sans avoir idée du but à atteindre, les roues s'engrènent, les essieux crient, les poids gémissent, les figurines défilent, et les aiguilles, se mouvant lentement, marquent l'heure, résultat final obtenu par la même impulsion donnée à ces milliers d'engrenages, qui semblaient destinés à ne jamais sortir de leur immobilité ! C'est ainsi

que les désirs, les humiliations, les souffrances, les élans d'orgueil, de terreur, d'enthousiasme, la somme entière des sensations éprouvées par 160.000 Russes et Français eurent comme résultat final, marqué par l'aiguille sur le cadran de l'histoire de l'humanité, la grande bataille d'Austerlitz, la bataille des trois Empereurs!

*
* *

209. — Les Français prennent les armes en 1870 pour garantir leur existence, et cette tentative a pour conséquence la destruction de centaines de milliers de Français ; tous les peuples qui prennent les armes font la même chose.

*
* *

210. — Une distance indéfinissable, menaçante et insondable sépare deux armées ennemies en présence. Qu'y a-t-il à un pas au delà de cette limite, qui évoque la pensée de l'autre limite, celle qui sépare les morts des vivants?... L'inconnu des souffrances, la mort? Qu'y a-t-il là, au delà de ce champ, de cet arbre, de ce toit éclairés par le soleil? On l'ignore, et l'on voudrait le savoir...

On a peur de franchir cette ligne, et cependant on voudrait la dépasser, car on comprend que tôt ou tard on y sera obligé, et qu'on saura alors ce qu'il y a là-bas, aussi fatalement que l'on connaîtra ce qui se trouve de l'autre côté de la vie...

*
* *

211. — Il est douteux que n'importe quelle révolution puisse être plus funeste pour la grande masse du peuple que l'ordre, ou plutôt le désordre actuel avec ses victimes habituelles du travail surhumain, de la misère, de l'ivrognerie, de la débauche, et avec toutes les horreurs de la guerre prochaine qui engloutira en une année plus de victimes que toutes les révolutions du siècle présent.

*
* *

212. — On doit s'étonner de voir des hommes libres qui n'y sont nullement obligés, ce qu'on appelle l'élite de la société, entrer au service militaire en Russie, en Angleterre, en Allemagne, en Autriche et même en France, et désirer des occasions de tuerie. Pourquoi des parents, d'hon-

nêtes gens, font-ils entrer leurs enfants dans des écoles militaires? Pourquoi les mères leur achètent-elles comme jouets préférés des schakos, des fusils, des sabres? (Il est à remarquer que les enfants de paysans ne jouent jamais aux soldats.)

*
* *

213. — Toute guerre, la plus bénigne, avec toutes ses conséquences ordinaires, la destruction des récoltes, les vols, les rapts, la débauche, le meurtre, avec les justifications de sa nécessité et de sa légitimité, avec l'exaltation des exploits militaires, l'amour du drapeau, de la patrie, avec les sollicitudes feintes pour les blessés, etc., pervertit en une seule année, plus de gens que des milliers de pillages, d'incendies, de meurtres commis pendant un siècle par des individus isolés poussés par la passion.

*
* *

214. — De même que le salariat a survécu à l'esclavage, peut-être les violences de la guerre survivront-elles à la guerre elle-même. Mais une chose est certaine : sous la forme grossière où

elles existent actuellement, forme également contraire à la raison et au sentiment moral, la guerre et l'armée seront abolies.

*
* *

215. — Le temps prédit où tous les hommes désapprendront la guerre, transformeront les glaives en socs de charrue et les lances en faucilles, et vers ce temps, vers cette nouvelle forme de la vie, l'humanité s'avance avec une rapidité de plus en plus grande.

VI

LA RICHESSE

216. — L'argent en soi est un mal.

*
* *

217. — L'argent ne représente qu'une nouvelle forme d'esclavage impersonnel à la place de l'ancien esclavage personnel.

*
* *

218. — L'argent n'est que la possibilité d'exploiter le travail d'autrui.

*
* *

219. — La richesse est la cause principale de la misère.

*
* *

220. — L'homme ne peut pas mourir de faim quand il y a du pain chez le riche.

*
* *

221. — Le peuple a faim, parce que nous mangeons trop.

*
* *

222. — Si cette prétendue science, l'économie politique, n'assumait pas, de même que toutes les sciences juridiques, la tâche de faire l'apologie de la force, elle ne chercherait pas à nier que la répartition actuelle des richesses, l'exclusion d'une partie des hommes de la possession des terres et du sol ainsi que du capital, l'asservissement de ces mêmes hommes par d'autres hommes est en corrélation étroite avec l'existence de l'argent, que ce n'est aujourd'hui qu'au moyen de l'argent que les uns disposent du travail des autres, c'est-à-dire maintiennent ces derniers dans leur dépendance.

*
* *

223. — Des millions de roubles agissent moins sur les masses qu'un peu d'amour.

* * *

224. — Il y a des hommes qui vivent dans nos sociétés européennes aux dépens de milliers d'ouvriers, et qui trouvent cette manière de vivre tout à fait égale. N'est-ce pas là l'esclavage, et le plus terrible !

* * *

225. — Les neuf dixièmes des hommes sont élevés par un dixième de gens riches, comme on élève le bétail. Et quelque profondes que soient les ténèbres dans lesquelles vivent ces gens, quelque mépris qu'ils aient pour les neuf dixièmes de l'humanité, ce dixième de gens qui ont le pouvoir ne privent jamais les neuf dixièmes de leur nourriture, quoiqu'ils puissent le faire. Ils ne privent pas le bas peuple du nécessaire, afin qu'il puisse se multiplier et travailler pour eux. De nos jours, cette petite minorité de gens riches se comporte de façon que les neuf dixièmes en question soient nourris régulièrement, c'est-à-dire

qu'ils puissent fournir le maximum de travail, se multiplier et donner un nouveau contingent de travailleurs.

* * *

226. — Celui qui possède des esclaves a droit au travail de Pierre, de Jean et d'Isidore, mais le richard a droit au travail de tous ceux qui ont besoin d'argent.

* *

227. — L'esclave antique savait qu'il était esclave de par la nature, tandis que notre ouvrier, se sentant esclave, sait qu'il ne devrait pas l'être et c'est pourquoi il souffre le supplice de Tantale, toujours désirant et n'obtenant jamais non seulement ce qui pourrait lui être accordé, mais même ce qui lui est dû. Les souffrances des classes ouvrières provenant de la contradiction, entre ce qui est et ce qui devrait être, se décuplent par la jalousie et la haine qui résultent de la conscience de cet état de choses.

* * *

228. — L'argent a le même but et les mêmes

conséquences que l'esclavage. Son but — c'est d'affranchir l'homme de la loi naturelle du travail personnel nécessaire à la satisfaction de ses besoins.

*
* *

229. — L'homme doit servir non seulement à son bien-être personnel, mais aussi à celui des autres. Cette loi naturelle a toujours été et est encore violée par des hommes.

Les formes primitives de cette déviation de la loi furent d'abord : l'exploitation des êtres faibles, des femmes, par exemple ; puis la guerre et la captivité ; l'esclavage vint ensuite et est remplacé maintenant par l'argent.

*
* *

230. — L'impôt est une forme de servitude, basée sur la faim.

*
* *

231. — Le fondement de tout esclavage est la jouissance du travail d'autrui.

*
* *

232. — Plus l'homme dépense d'argent, plus il est oisif, c'est-à-dire qu'il fait travailler davantage les autres pour lui.

Moins l'homme dépense, plus il travaille.

*
* *

232. — Le principal malheur du peuple, d'où s'engendrent et se propagent et se perpétuent les maladies, c'est le manque des ressources nécessaire à la vie.

*
* *

234. — Les pauvres n'ont jamais reconnu et ne reconnaîtront jamais qu'il soit juste de permettre aux uns de faire continuellement la fête et aux autres de jeûner et de peiner sans cesse.

*
* *

235. — Avant de donner au peuple des prêtres, des soldats, des juges, des médecins, des professeurs, il faudrait savoir s'il ne meurt pas de faim.

*
* *

236. — La cause de la misère économique de notre temps, c'est ce que les Anglais appellent « over-production », la surproduction, la fabrication excessive des objets qu'on ne sait où placer et dont personne n'a besoin.

*
* *

237. — L'ouvrier de notre époque, si même son travail était moins pénible que celui de l'esclave antique, si même il obtenait la journée de huit heures et le salaire de quinze francs par jour, ne cesserait pas de souffrir, parce que, en fabriquant des objets dont il n'aura pas la jouissance, il travaille non pas pour lui et volontairement, mais par nécessité, pour la satisfaction des riches et des oisifs, et au profit d'un seul capitaliste (possesseur de fabrique ou d'usine).

*
* *

238. — Un fabricant est un homme dont les revenus sont composés du salaire extorqué aux ouvriers, et dont toute l'action est basée sur un travail forcé et anormal qui use des générations entières. Cet homme, ce dur possesseur d'es-

claves, après avoir construit, pour les ouvriers estropiés dans sa fabrique, des maisonnettes avec jardinets de deux mètres, et une caisse de retraites, et un hôpital, est absolument sûr qu'il a par ces sacrifices, payé et au delà des vies humaines qu'il a ruinées physiquement et moralement, et il continue à vivre tranquille, fier de son œuvre.

*
* *

239. — Un propriétaire foncier, qu'il soit russe, français, anglais, allemand ou américain, existe par les droits, qu'il prélève sur les hommes pour la plupart misérables qui vivent sur sa terre et à qui il prend tout ce qu'il peut.

Son droit de propriété repose sur cette circonstance qu'à chaque tentative des opprimés de jouir sans son consentement de la terre qu'il croit sienne, arrivent des troupes qui les soumettent à toutes sortes de violences. L'homme qui vit ainsi est un être méchant, égoïste et ne peut nullement se considérer comme chrétien ou libéral.

*
* *

240. — Ceux qui n'ont pas beaucoup réfléchi

sur les rapports entre les riches et les pauvres pensent ordinairement que, si les riches donnaient ou étaient forcés de donner une partie de leur richesse aux pauvres, tout irait parfaitement bien. Mais c'est une grande erreur. Ce qui est surtout important, c'est la répartition du bien.

*
* *

241. — Si l'on veut secourir les hommes, il faut, avant tout, cesser de les exploiter.

*
* *

241. — C'est la campagne (la terre) qui est la source de toutes les richesses.

*
* *

243. — La plus grande considération appartient non pas à celui qui accumule des richesses pour lui-même au détriment des autres et a le plus de serviteurs, mais à celui qui sert le plus les autres et qui donne le plus aux autres.

*
* *

244. — Malheureux sont ceux qui possèdent.

∴

245. — Partage ce que tu as avec les autres, n'accumule pas de richesses, ne t'enorgueillis pas, ne vole pas, ne fais pas souffrir, ne tue pas, ne fais pas aux autres ce que tu ne voudrais pas qu'on te fît, tout cela a été dit, non pas il y a dix-huit cents ans, mais cinq mille ans, et il ne pourrait y avoir de doute sur la vérité de cette loi si l'hypocrisie n'existait pas.

VII

LE TRAVAIL. — LE BONHEUR

246. — Une des premières conditions de bonheur généralement admises par tout le monde est une existence qui ne rompe pas le lien de l'homme avec la nature, c'est-à-dire une vie où l'on jouit du ciel, du soleil, de l'air pur, de la terre couverte de végétaux et peuplée d'animaux. De tout temps les hommes ont considéré comme un grand malheur d'être privés de tout cela. Voyez donc ce qu'est l'existence des hommes qui vivent selon la doctrine du monde. Plus ils ont réussi, suivant cette doctrine, plus ils sont privés de ces conditions de bonheur. Plus leur succès mondain est grand, moins ils jouissent de la lumière du soleil, des champs, des bois, de la vue des animaux domestiques

et sauvages. Beaucoup d'entre eux — les femmes presque toutes — arrivent à la vieillesse n'ayant vu que deux ou trois fois dans leur vie le lever du soleil.

*
* *

247. — Une autre condition indubitable du bonheur, c'est le travail; premièrement le travail qu'on a librement choisi et qu'on aime, secondement le travail physique qui procure l'appétit et le sommeil tranquille et profond. Ici encore, plus est grande la part de ce prétendu bonheur qui échoit aux hommes selon la doctrine du monde, plus ces hommes sont privés de cette condition de bonheur.

*
* *

248. — La troisième condition indubitable du bonheur, c'est la famille. Eh bien, plus les hommes sont esclaves des succès mondains et moins ce bonheur est leur partage. La majorité sont des libertins qui renoncent sciemment

aux joies de la famille et n'en ont que les soucis. S'ils ne sont pas des libertins, leurs enfants ne sont pas une joie pour eux, mais un fardeau, et ils s'en privent eux-mêmes, en s'efforçant par tous les moyens, quelquefois les plus cruels, de rendre leur union inféconde. S'ils ont des enfants, ils se privent de la joie d'être en communion avec eux. D'après leurs coutumes, ils doivent les confier à des étrangers, à des établissements d'instruction publique, de sorte que de la vie de famille ils n'ont que les chagrins. — Ces enfants, dès leur jeunesse, deviennent aussi malheureux que leurs parents, à l'égard de qui ils n'ont qu'un sentiment : celui de souhaiter leur mort pour en hériter.

*
* *

249. — La quatrième condition du bonheur, c'est le commerce libre et affectueux avec les hommes dont le monde est rempli. Or, plus on est haut placé sur l'échelle sociale, plus on est privé de cette condition essentielle du bonheur. Plus on monte et plus le cercle des hommes avec lesquels il est permis d'entretenir des relations se resserre et se rétrécit; plus on monte et plus

le niveau moral et intellectuel des hommes qui forment ce cercle s'abaisse.

*
* *

250. — Enfin, la cinquième condition du bonheur, c'est la santé et une mort sans maladie. Et de nouveau plus un homme a monté les degrés de l'échelle sociale, plus il est privé de cette condition de bonheur.

*
* *

251. — La tentation est ce qui pousse l'homme à rechercher le prétendu bonheur de la vie temporelle. Il faut tout sacrifier pour ne pas être sa victime.

*
* *

252. — Nous avons appelé la pauvreté d'un mot qui est synonyme de calamité, mais qui, en réalité, est un bonheur, et nous aurons beau l'appeler calamité, elle n'en sera pas moins un bonheur.

*
* *

253. — Le travail est la source du vrai bien

pour l'humanité. C'est pourquoi il est contraire au vrai bien de ne vouloir partager avec personne le fruit de son travail. L'abandon du fruit de son travail aux autres contribue au bien de tous les hommes.

*
* *

254. — Celui qui travaille mérite (ἄξιος ἐστί signifie, mot pour mot, *peut* et *doit* avoir) sa nourriture. Pour comprendre ces mots dans leur vrai sens, il faut avant tout se détacher complètement de l'idée que la félicité de l'homme consiste dans le désœuvrement. Il faut rétablir ce point de vue, naturel à tous les hommes non dégénérés, que la condition indispensable du bonheur de l'être humain est le travail, non pas l'oisiveté, que l'homme ne peut pas ne pas travailler.

*
* *

255. — Le travail cependant pas plus que la nutrition ne peut être une vertu ; le travail est un besoin dont la privation est une souffrance, et l'élever au rang de mérite est aussi monstrueux que d'en faire autant pour la nutrition.

*
* *

256. — L'homme aspire au bonheur ; donc c'est un désir légitime. S'il tâche d'y parvenir dans un but égoïste, en cherchant l'opulence, la gloire, il se peut qu'il ne l'obtienne jamais, et ses désirs restent inassouvis. Ce sont donc ces aspi-tions égoïstes qui sont illégitimes, et non le désir d'être heureux. Quels sont les rêves permis qui peuvent se réaliser en dehors des conditions extérieures ?

L'amour et le dévouement.

*
* *

257. — Le bonheur ne dépend pas des événements extérieurs, mais de la façon dont nous les prenons ; un homme accoutumé à supporter la douleur ne peut pas être malheureux.

*
* *

258. — Tous les bonheurs se ressemblent, mais chaque infortune a sa physionomie particulière.

*
* *

259. — Il y a des hommes que le mot de poésie

fait rire, ils l'appliquent comme une sorte de reproche railleur ; ils n'admettent l'amour de la poésie que chez les enfants et les jeunes filles sottes, tout en se moquant de leur faiblesse. Pour eux le positif suffit. Mais ce sont précisément les enfants qui jugent sainement la vie ; ils aiment et savent ce que doit aimer l'homme pour connaître le bonheur. Tandis que ceux que la vie a désorientés raillent ce qu'ils aiment et recherchent ce qu'ils haïssent : d'où leur malheur.

*
* *

260. — Nous croyons voir le bonheur de notre vie dans la puissance, la domination et l'abondance des biens. Erreur !

*
* *

261. — Le bonheur, c'est de vivre avec la nature, de la voir, de la sentir, de lui parler.

VIII

LA SCIENCE. — L'ART

262. — La science et l'art sont inséparables comme les poumons et le cœur ; de sorte que si l'un de ces organes est dénaturé, l'autre ne peut pas fonctionner régulièrement.

∴

263. — L'objet de la science, c'est de servir les hommes. Nous avons inventé le télégraphe, le téléphone, le phonographe, mais dans la vie, dans le travail du peuple, qu'avons-nous amélioré ?

∴

264. — La classe des savants et des artistes qui, s'appuyant sur une fausse distribution de travail,

réclame le droit d'usurper le travail d'autrui, ne peut pas assurer l'épanouissement de la véritable science et de l'art véritable, parce que le mensonge ne peut pas produire la vérité.

*
* *

265. — Dans quelques siècles, l'histoire de ce qu'on appelle l'activité scientifique de nos fameux progrès sera un sujet fécond d'hilarité et de pitié pour les générations futures.

*
* *

266. — Tout ce que nous appelons culture : nos sciences, nos arts, le perfectionnement des agréments de la vie, autant de tentatives pour tromper les besoins moraux de l'homme ; tout ce que nous appelons hygiène et médecine, autant de tentatives pour tromper les besoins physiques et naturels de la nature humaine.

*
* *

267. — La science et l'art se sont réservé le

droit à l'oisiveté et à la jouissance des travaux d'autrui, et ont failli à leur mission.

⁂

268. — Les sciences et les arts existèrent toujours, et tant qu'ils existaient vraiment, ils étaient nécessaires et accessibles à tous les hommes. Nous autres, nous produisons quelque chose que nous appelons les sciences et les arts ; mais il apparaît que ce que nous produisons n'est ni nécessaire ni accessible aux hommes. Et c'est pourquoi, si jolies que soient les choses que nous produisons, nous n'avons pas le droit de leur donner le nom de sciences et d'arts.

⁂

269. — La philosophie scientifique est devenue aujourd'hui la dispensatrice des brevets d'oisiveté, parce qu'elle seule, dans ses temples, analyse et détermine quelle est l'activité parasitique, quelle est l'activité organique de l'homme dans l'organisme social. Comme si chaque homme n'était pas lui-même en mesure de le savoir

d'une façon plus juste et plus courte en consultant sa raison et sa conscience.

* * *

270. — La science régnante déclare, avec une solennité trompeuse, que la solution de tous les problèmes de la vie n'est possible que par l'étude des phénomènes de la nature et surtout des organismes. Et la jeunesse crédule, séduite par la nouveauté de ce dogme, que la critique n'a pas encore, non pas même détruit, mais seulement touché, s'empresse d'étudier ces phénomènes dans les sciences naturelles, sur cette unique voie qui, au dire de la science régnante, puisse conduire à l'éclaircissement des problèmes de la vie. Mais plus les jeunes gens avancent dans cette étude, plus la forme leur cache le fond, plus ils perdent la conscience du bien et du mal et la faculté de comprendre les déterminations du bien et du mal que le genre humain a élaborées, dans le cours de sa vie entière, plus ils perdent la faculté, non seulement de penser indépendamment, mais même de comprendre une pensée d'autrui, humaine et spontanée, qui se trouve en dehors de leur talmud. Mais le

pire, c'est qu'ils passent leurs meilleures années à se déshabituer de la vie, c'est-à-dire du travail, ils s'accoutument à regarder leur situation comme légitime, deviennent des parasites incapables physiquement d'un effort quelconque, se disloquent le cerveau, et finissent par être les eunuques de la pensée. Et à mesure que leur stupidité grandit, ils acquièrent une confiance en soi qui leur ôte pour toujours la possibilité de revenir à la simple vie du travail, à la pensée simple, claire, humaine.

⁂

271. — Les sciences ignorent les questions de la vie.

⁂

272. — La science et la philosophie traitent de tout ce qu'on voudra sauf de ce que l'homme a à faire pour devenir meilleur et pour mieux vivre.

⁂

273. — On trouve dans la physiologie, la psychologie, la biologie, la sociologie, une pauvreté

d'esprit stupéfiante, une prétention non justifiée à résoudre des questions sur lesquelles elles ne sont pas compétentes. Elles n'aboutissent qu'à mettre le penseur en contradiction perpétuelle avec les autres penseurs et souvent avec lui-même.

*
* *

274. — La sagesse suprême a d'autres bases que l'intelligence et les sciences humaines, telle que l'histoire, la physique et la chimie, qui s'écroulent au moindre souffle. La sagesse suprême est Une; elle n'a qu'une science, la science universelle, la science qui explique la création et la place que l'homme y occupe. Pour la comprendre, il faut se purifier et régénérer son *moi;* il faut donc, avant de savoir, croire et se perfectionner [1].

*
* *

275. — La science peut encore invoquer son excuse stupide, que la science travaille pour la science, et que, lorsque les savants l'auront développée, elle deviendra accessible même au peuple ; mais l'art, s'il est l'art, doit être acces-

[1] Voir l'Appendice IV.

sible à tous et surtout à ceux au nom desquels il se participe. Et notre art, tel qu'il est, accuse hautement les adeptes de l'art, en ce qu'ils ne veulent pas, ne savent pas, ne peuvent pas servir le peuple.

*
* *

276. — L'œuvre de l'art consiste à rendre compréhensible et accessible ce qui, sous la forme d'une thèse, pourrait être incompréhensible et inaccessible. Il semble toujours à celui qui reçoit une impression vraiment artistique, qu'il avait vu la chose auparavant, mais qu'il avait été incapable de l'exprimer.

*
* *

277. — La majorité des hommes a le droit de ne pas aimer le fromage trop fait ou le gibier trop faisandé ; mais le pain et les fruits ne sont bons que lorsqu'ils plaisent à la majorité des hommes. Il en est de même pour l'art. L'art perverti peut ne pas plaire à la majorité des hommes ; mais tout le monde aime toujours l'art vrai.

*
* *

278. — L'art bon, grand, universel, peut-être incompréhensible pour un cercle restreint de gens corrompus, mais non pour toute la grande collectivité d'hommes simples.

*
* *

279. — On dit que les œuvres d'art ne plaisent pas au peuple, parce que celui-ci est incapable de les comprendre. Mais si la mission des œuvres d'art est de transmettre au peuple des émotions que l'artiste a éprouvées, comment peut-on parler de non-compréhension ?

*
* *

280. — Tandis que la science demande une préparation et un certain ordre de succession, l'art agit sur le peuple indépendamment de son éducation et de son développement ; le charme de la peinture, des sons, des formes, influence tout homme, quelle que soit l'étendue de ses connaissances.

*
* *

281. — L'art, pour être de l'art, doit avant

tout être intelligible, c'est-à-dire qu'il doit impressionner et transmettre les sensations, qu'elles soient vraies ou fausses. S'il ne peut pas les transmettre, et les transmettre effectivement, ce n'est pas de l'art.

∴

282. — Si l'on veut donner une définition exacte de l'art, il faut le considérer, non pas comme un moyen de plaisir, mais comme une des conditions de la vie humaine.

∴

283. — L'art est une des conditions de la vie humaine, étant en même temps un moyen de communion entre les hommes.

∴

284. — L'art n'est pas un plaisir, ni une consolation, ni un amusement ; l'art est quelque chose de grand. L'art est l'organe de la vie de l'humanité qui traduit par le sentiment la conscience des hommes.

∴

285. — L'art est une activité humaine qui consiste en ce qu'un homme exprime consciemment aux autres, au moyen de certains signes extérieurs, les sentiments qu'il a ressentis, et en ce que ses semblables se pénètrent de ses sentiments et les revivent.

*
* *

286. — Non seulement je ne nie pas la science et l'art, mais c'est uniquement au nom de la vraie science et du vrai art que je dis ce que je dis ; c'est uniquement pour qu'il devienne possible au genre humain de sortir de cet état sauvage où le précipite la science fausse de notre temps, que je dis ce que je dis.

La science et l'art sont aussi nécessaires aux hommes que la nourriture, la boisson, le vêtement, et même plus nécessaires ; mais ils deviennent tels, non parce que nous aurons décidé que ce que nous appelons la science et l'art est nécessaire, mais parce qu'ils sont effectivement nécessaires aux hommes.

*
* *

287. — L'activité scientifique et artistique, au

vrai sens du mot, est fécondante alors seulement qu'elle ne se reconnaît pas des droits, mais uniquement des devoirs. C'est parce qu'elle est telle, parce que c'est sa nature d'être telle, que le genre humain estime à si haut prix cette activité. Si en effet des êtres sont appelés à servir les autres par le travail spirituel, ils ne verront alors dans ce travail qu'un devoir et ils s'en acquitteront malgré les difficultés, les privations, les sacrifices.

*
* *

288. — Le besoin des jouissances artistiques et le culte de l'art existent dans chaque personne humaine, quelles que soient sa race et sa sphère, ce besoin est légitime et doit être satisfait.

*
* *

289. — Le peuple profitera des sciences et des arts, alors seulement que les gens de science et d'art, vivant parmi le peuple, et comme le peuple, sans revendiquer aucun droit, lui offriront leurs services, qu'il dépendra de la volonté du peuple de rétribuer ou non.

*
* *

290. — Il y a deux caractères indubitables de la vraie science et du vrai art : le premier, intérieur, c'est que le servant de la science et de l'art remplisse sa mission avec abnégation, et non point par intérêt ; le second, extérieur, c'est que l'œuvre du servant soit accessible à tous les hommes dont il a en vue le bien.

*
* *

291. — Le penseur, le peintre ne sera guère celui qui, élevé dans un établissement où l'on est censé former le savant et le peintre (et où, à proprement parler, on forme un destructeur de la science et de l'art), recevra le diplôme et le poinçon de garantie : ce sera celui qui, ne voulût-il ni penser, ni exprimer ce qu'il sent dans l'âme, ne pourra point s'en empêcher, sous l'impulsion de deux forces insurmontables : la poussée intérieure et le besoin des hommes.

*
* *

292. — Le penseur, le peintre ne doivent point planer dans la sérénité des hauteurs olympiques, comme nous avons coutume de l'imaginer. Le

penseur, l'artiste doivent souffrir avec les hommes pour les sauver et pour les consoler. Et ils souffrent parce qu'ils vivent toujours dans une inquiétude, dans une agitation éternelles : ils pourraient découvrir et exprimer ce qui donnerait le bonheur aux hommes, les délivrerait de la souffrance, les consolerait, mais ils n'ont encore rien découvert, rien exprimé de tel, et demain, peut-être, il sera trop tard, ils mourront. Et c'est pourquoi la souffrance et le sacrifice seront toujours l'apanage du penseur et de l'artiste.

⁂

293. — Le but de l'art est l'union fraternelle des hommes.

IX

L'ÉDUCATION. — L'INSTRUCTION

294. — L'instruction et l'éducation sont deux notions distinctes.

⁂

295. — L'éducation n'existe point comme objet d'enseignement.

⁂

296. — L'éducation, c'est la tendance d'un individu à rendre un autre individu tel qu'il est lui-même.

⁂

297. — L'éducation est une tendance au despotisme moral, tendance érigée en principe.

*
* *

298. — L'éducation est l'action forcée d'un esprit sur un autre, dans le but de le façonner sur un modèle qui nous semble bon.

L'instruction est l'expression de libres rapports entre gens qui sentent le besoin, l'un d'acquérir le savoir, l'autre de transmettre ce qu'il a appris.

L'instruction est libre. L'éducation, c'est l'instruction forcée.

*
* *

299. — L'éducation n'est point l'objet de la pédagogie. L'objet de la pédagogie ne doit et ne peut être que l'instruction.

*
* *

300. — Le besoin de l'instruction est inné en chaque homme, le peuple aime et recherche

l'instruction comme il aime et recherche l'air qu'il respire.

⁂

301. — Toute instruction sérieuse s'acquiert seulement par la vie, mais non par l'école.

⁂

302. — L'école n'est bonne que lorsqu'elle reconnaît les lois fondamentales qui régissent la vie du peuple.

⁂

303. — L'école n'a pas à intervenir dans l'éducation ; c'est une affaire de famille.

L'école ne doit ni punir ni récompenser : elle n'en a pas le droit.

L'école doit laisser aux élèves la liberté absolue d'apprendre, d'étudier, de faire ce qu'ils veulent.

⁂

304. — L'instruction est une évolution, et comme telle, elle n'a point de but final.

⁂

305. — L'école, où l'on étudie pendant trois ans ce qui peut s'apprendre en trois mois, est une école d'oisiveté et de paresse.

*
* *

306. — Les cours publics, les musées sont les meilleurs modèles des écoles qui n'interviennent point dans l'éducation.

*
* *

307. — Les écoliers sont des hommes, des êtres, tout petits qu'ils soient, les êtres pensants comme nous.

*
* *

308. — Les enfants n'aiment l'histoire que vivifiée par l'art.

*
* *

309. — La science du bien et du mal, indépendante de la puissance de l'homme, se retrouve dans le genre humain tout entier et se développe

spontanément au cours de l'évolution historique; il est aussi impossible d'inculquer par l'instruction notre conscience à la jeune génération, que de lui ôter celle où la conduira l'évolution normale de la vie.

*
* *

310. — Notre connaissance imaginaire des lois du bien et du mal, l'action qu'en vertu de ces lois nous prétendons exercer sur la jeune génération, n'est, la plupart du temps, que la résistance au développement d'une conscience nouvelle, que notre génération n'a point élaborée, mais qui s'élabore dans la jeune génération; c'est pour l'instruction un obstacle, non un auxiliaire.

*
* *

311. — Puisque, dans l'histoire du savoir humain, il n'est point de vérité absolue; puisque les erreurs vont se succédant l'une à l'autre, alors de quel droit forcer la jeune génération à s'assimiler des connaissances qui

seront certainement reconnues fausses un jour?

*
* *

312. — La seule méthode d'instruction, c'est l'expérience, et son critérium, c'est la liberté.

X

LE FÉMINISME. — L'AMOUR. — LE MARIAGE

313. — Il a été donné à l'homme et à la femme une loi, — à l'homme la loi du travail, et à la femme la loi de l'enfantement. Bien que, d'après notre science, nous ayons changé tout cela, la loi de l'homme et de la femme demeure immuable.

*
* *

314. — La question des droits des femmes a surgi et ne pouvait surgir que parmi des hommes qui ont transgressé la loi du travail véritable. Il suffit de revenir à ce travail, et cette question tombera d'elle-même. La femme ayant sa tâche spéciale, nécessaire, ne réclamera jamais le droit

de participer à la tâche de l'homme, — dans les mines et au labour.

*
* *

315. — Ce sont les femmes qui font l'opinion publique. Et les femmes sont bien fortes, surtout dans notre temps.

*
* *

316. — Les femmes, telles des reines, gardent comme prisonniers de guerre et de travaux forcés les neuf dixièmes du genre humain. Et tout cela parce qu'on les a privées de droits égaux à ceux des hommes. Elles se vengent sur notre volupté.

*
* *

317. — Les femmes, surtout celles qui ont passé par l'école du mariage, savent fort bien que les conversations sur des sujets élevés ne sont que des conversations, et que l'homme cherche et veut le corps et tout ce qui orne ce corps.

*
* *

318. — Toutes espèces d'éducations féminines

n'ont pour but que d'attirer les hommes. Les unes attirent par la musique ou les cheveux bouclés, les autres par la science ou par la vertu civique. Le but est le même : séduire l'homme pour le posséder.

*
* *

319. — Les enfants, pour une femme de notre société, ne sont pas une joie, un orgueil, ni un accomplissement de sa vocation; c'est la peur, l'inquiétude, une souffrance interminable, un supplice.

*
* *

320. — Le mariage, tel qu'il existe aujourd'hui, est le plus odieux de tous les mensonges, la forme suprême de l'égoïsme.

*
* *

321. — La jalousie, c'est encore un des secrets du mariage connu de tous et caché de tous.

La jalousie ne peut manquer entre époux qui vivent immoralement.

*
* *

322. — On dit communément que la femme (la femme de Paris n'a le plus souvent pas d'enfant) est devenue tellement charmante, en utilisant toutes les ressources de la civilisation, qu'elle a su, par son charme, se rendre maîtresse de l'homme. Cela est non seulement faux, c'est absolument l'inverse de la vérité. Ce n'est point la femme sans enfants qui s'est rendue maîtresse de l'homme, mais la mère, qui a accompli sa loi là où l'homme l'a violée.

*
* *

323. — Les femmes abandonnées séduisent d'autres hommes et introduisent la débauche dans le monde.

*
* *

324. — L'état de célibataire, l'existence solitaire d'un homme mûr pour les rapports sexuels et n'y ayant pas absolument renoncé est une monstruosité et un opprobre; l'abandon de *celui* ou de *celle* qu'on a choisi, pour aller avec un autre ou avec une autre, est non seulement un acte contre nature, comme l'inceste, mais un acte bestial et inhumain.

*
* *

325. — L'homme ne vit pas de ses besoins à lui, mais il vit par l'amour.

⁂

326. — Pour être capable d'aimer les autres il faut ne pas s'aimer exclusivement.

⁂

327. — L'unité dans l'amour peut donner la plus grande somme d'amour.

⁂

328. — L'amour ne peut pas être sot !

⁂

329. — Le véritable amour, celui qui se manifeste, non par des paroles, mais par des actes, bien loin d'être inintelligent, donne seul, au contraire, la vraie sagacité et la vraie sagesse.

⁂

330. — L'amour n'est pas une nécessité et

n'exerce sur rien, c'est une faculté essentielle de l'âme humaine.

*
* *

331. — L'homme aime, non parce que c'est son intérêt d'aimer celui-ci ou celui-là, mais parce que l'amour est l'essence de son âme, parce qu'il ne peut pas ne pas aimer.

*
* *

332. — De même qu'une bougie en allume une autre et des milliers de bougies se trouvent allumées, de même un cœur en allume un autre et des milliers de cœurs s'allument.

*
* *

333. — Là où cesse l'amour, commence le dégoût[1].

*
* *

334. — La raison est indépendante du cœur, et elle suggère souvent à l'homme des idées qui

[1] Voir l'Appendice IV.

froissent ses sentiments, des idées incompréhensibles et cruelles pour le cœur.

*
* *

335. — En matière de sentiment le manque de logique est la meilleure preuve de sincérité.

*
* *

336. — Si seulement les femmes comprenaient leur mission, leur force, et l'employaient au salut de leurs époux, de leurs frères, de leurs enfants, — au salut de tous les hommes!

*
* *

337. — Vous, femmes et mères, vous seules savez, dans notre monde malheureux, dénaturé, où rien ne demeure de la forme humaine, vous seules savez tout le vrai sens de la vie et vous seules, par votre exemple, pouvez montrer aux hommes le bonheur de la vie, ce bonheur dont ils se privent. Vous seules savez ces extases, ces allégresses qui ravivent tout l'être, cette béatitude, apanage de celui qui ne transgresse point

la loi de Dieu. Vous savez le bonheur de l'amour pour l'époux, ce bonheur qui n'a point de fin, qui ne se brise point comme tous les autres, mais qui est l'aurore d'un bonheur nouveau, l'amour pour l'enfant. Vous seules savez, non pas cette parade que les hommes de votre monde appellent le travail, mais le vrai travail qui nous vient de Dieu, et vous savez les vraies récompenses qui l'attendent, et que ce qu'il donne, c'est le bonheur. Vous savez les conditions du travail véritable, quand vous attendez avec joie l'approche et l'augmentation des tortures les plus affreuses suivies d'un bonheur de vous seules connu. Vous savez, si vous êtes une mère véritable, que non seulement nul n'a vu votre travail, nul ne vous en a loué, trouvant qu'il doit en être ainsi, mais que ceux-là même pour lesquels vous aurez travaillé, loin de vous remercier, souvent vous tourmenteront, vous feront des reproches.

Si vous êtes telles, et si vous savez par expérience que seul le travail sacrifié, invisible, sans récompense, poussé aux dernières limites de l'énergie, accompli au péril de sa vie pour la vie d'autrui, — est votre vraie mission, vous en demanderez autant aux autres, vous mesurerez, estimerez la dignité des hommes d'après ce travail et vous y préparerez vos enfants. Une telle mère ne demandera pas aux autres ce qu'elle doit faire; elle saura tout et ne craindra rien.

Et c'est entre les mains de ces femmes que se trouvent les suprêmes moyens de salut destinés à préserver les hommes des malheurs qui accablent et qui menacent notre temps.

*
* *

338. — Femmes-mères, c'est vous qui tenez entre vos mains le salut du monde!

XI

LE BIEN. — LE MAL. — LA VÉRITÉ. — L'IDÉAL

339. — Les hommes doivent choisir entre la vie et la mort.

La vie réside dans l'esprit, la mort dans la chair. La vie de l'esprit est le bien, la lumière; la vie de la chair est le mal, les ténèbres.

⁂

340. — Le seul bien consiste à aimer toujours et partout les autres hommes, et à leur abandonner tout ce que l'on a.

⁂

341. — Seule une conception chimérique qui prend ce qui n'est pas pour la réalité, et prend

la réalité pour quelque chose qui ne l'est pas, peut amener les hommes à cette singulière négation de la possibilité de pratiquer ce qui, d'après leur propre aveu, leur donne le vrai bien[1].

*
* *

342. — Il n'y a pas de mesure du bien.

On ne peut pas dire : celui-ci a fait beaucoup de bien, celui-là moins. La veuve qui donne sa dernière obole donne plus que le riche qui donne des millions.

*
* *

343. — Nous sommes tellement embrouillés dans la multitude des lois religieuses, sociales et domestiques que nous nous sommes imposées; nous avons inventé tant de commandements en énonçant, comme dit Isaïe, règle sur règle, une règle pour ceci, une règle pour cela, que nous avons complètement perdu le sens de ce qui est bon et de ce qui est mauvais.

*
* *

[1] Voir l'Appendice IV.

344. — Dans toutes les circonstances de la vie, l'essentiel n'est pas de savoir ce qui est bon et nécessaire, mais de savoir quelle est, parmi les choses bonnes et nécessaires, la première en importance, la deuxième, la troisième, etc.

*
* *

345. — Les hommes s'occupent pendant des siècles à ranger le bien d'un côté et le mal de l'autre. Et, depuis des siècles, quoique l'esprit impartial jette dans la balance du bien et du mal, son fléau demeure immobile et chaque plateau contient autant de mal que de bien.

*
* *

346. — Tout le mal de notre vie semble exister seulement parce qu'il existe depuis longtemps et parce que les hommes qui le commettent n'ont pas pu apprendre encore à ne plus le faire, car en réalité ils ne veulent pas le faire.

Tout le mal de notre vie semble avoir une cause indépendante de la conscience des hommes.

*
* *

347. — Avant de faire le bien, il faut cesser de faire le mal.

*
* *

348. — Donner de l'argent n'est qu'un indice que l'homme commence à rejeter le mal. Faire du bien veut dire faire ce qui est bon pour l'homme, et pour savoir ce qui est bon pour l'homme il faut entrer avec lui en relations étroites, amicales. Aussi, pour faire du bien, l'argent est inutile.

*
* *

349. — La compassion est une des plus précieuses facultés de l'âme humaine.

*
* *

350. — La pitié reste toujours le même sentiment, qu'on l'éprouve pour un homme ou pour une mouche.

*
* *

351. — De même que le feu n'éteint pas le feu, ainsi le mal ne peut éteindre le mal. Seul le bien,

faisant face au mal, sans en subir la contagion, triomphe du mal. Et dans le monde intérieur de l'âme humaine, c'est une loi aussi absolue que la loi de Galilée, encore plus absolue, plus claire, plus immuable.

⁂

352. — Le mal se multiplie par le mal. Plus les gens poursuivent le mal, plus ils l'accroissent. On ne doit pas détruire le mal par le mal.

⁂

353. — Ce n'est pas la violence, mais le bien qui supprime le mal.

⁂

354. — Qui te dit une mauvaise parole, ne lui réponds pas, et il en rougira lui-même.

⁂

355. — Si quelqu'un t'offense, pardonne-lui.

⁂

356. — La marche de l'humanité vers le bien s'opère non par les tyrans, mais par les martyrs.

⁂

357. — La vérité nous ouvre l'unique voie que puisse gravir l'humanité.

⁂

358. — Dans notre monde tous les hommes vivent, non seulement sans vérité, non seulement sans le moindre désir de la connaître, mais avec la ferme conviction qu'entre toutes les occupations oiseuses la plus oiseuse est la recherche de la vérité qui règle la vie humaine.

⁂

359. — Quiconque connaît la vérité indispensable à son bonheur, ne peut pas y croire.

⁂

360. — Toute doctrine révélant la vérité est chimère pour les aveugles.

⁂

361. — Aucune vérité n'est jamais considérée sous le même aspect par deux personnes.

*
* *

362. — Tout homme se trouve, pendant sa vie, vis-à-vis de la vérité, dans la position d'un piéton qui marche dans l'obscurité à la lumière d'une lanterne dont il projette la clarté devant lui; il ne voit pas ce que la lanterne n'éclaire pas encore; il ne voit pas non plus le chemin qu'il a parcouru et qui est déjà retombé dans l'obscurité; mais, à quelque endroit qu'il se trouve il voit ce qui est éclairé par la lanterne, et il est toujours libre de choisir l'un ou l'autre côté de la route.

*
* *

363. — Les hommes qui ignorent la vérité et qui font le mal provoquent chez les autres la pitié pour leurs victimes et le dégoût pour eux, ils ne font du mal qu'à ceux qu'ils attaquent; mais les hommes qui connaissent la vérité et qui font le mal sous le masque de l'hypocrisie, le font à eux-mêmes et à leurs victimes, et encore à des mil-

liers et des milliers d'autres hommes, tentés par le mensonge qui cache ce mal.

*
* *

364. — Les écarts de la vérité ne sont jamais inoffensifs et entraînent des conséquences d'autant plus graves que le sujet auquel s'applique l'erreur est plus important.

*
* *

365. — Le malheur des hommes provient de leur désunion, et leur désunion provient de ce qu'ils ne suivent pas la vérité, qui est unique, mais le mensonge, qui est multiple. L'unique moyen d'union est donc de s'unir dans la vérité. C'est pourquoi, plus les hommes recherchent sincèrement la vérité, plus ils approchent de l'union.

*
* *

366. — Les hommes s'assimilent une vérité non seulement parce qu'ils la devinent par intuition prophétique ou par expérience de la vie, mais parce que, quand cette vérité est arrivée à

un certain degré d'extension, les hommes d'une culture inférieure l'acceptent d'un seul coup par la seule confiance qu'ils ont en ceux qui l'ont acceptée avant eux.

* * *

367. — Toute vérité nouvelle qui change les mœurs et qui fait marcher l'humanité en avant n'est acceptée tout d'abord que par un petit nombre d'hommes qui ont parfaitement conscience de cette vérité. Les autres, qui ont accepté par confiance la vérité précédente, celle sur laquelle est basé le régime existant, s'opposent toujours à l'extension de la nouvelle.

* * *

368. — Plus il y a d'hommes qui se pénètrent de toute vérité nouvelle, plus cette vérité est assimilable, plus elle provoque de confiance chez les hommes d'une culture inférieure. Ainsi le mouvement s'accélère, s'élargit comme celui d'une boule de neige, jusqu'au moment où toute la masse passe d'un coup du côté de la vérité nouvelle et établit un nouveau régime.

* * *

369. — Toute l'activité raisonnable de l'homme a toujours consisté, — et cela ne pouvait pas être autrement, — à éclairer du flambeau de la raison son impulsion naturelle vers le bien. Le libre arbitre est non seulement une illusion, c'est un mot vide inventé par les théologiens et les criminalistes, et réfuter ce mot, c'est se battre contre des moulins à vent! Mais la raison qui éclaire notre vie et nous pousse à modifier nos actions n'est pas une illusion et ne peut pas être niée. Obéir à la raison pour réaliser le bien, c'est la substance de la doctrine de tous les vrais maîtres de l'humanité, et c'est là aussi toute la doctrine de Jésus; elle est la raison et il est complètement impossible de nier la raison en faisant usage de sa raison.

*
* *

370. — La raison ne prescrit rien, elle éclaire.

*
* *

371. — L'homme qui connaît la doctrine de la vérité ne peut contribuer à apaiser les besoins les moins impérieux des hommes qu'après avoir

satisfait leur premier besoin, c'est-à-dire après avoir contribué à les nourrir, après leur avoir épargné la mort qui provient de la lutte contre la misère.

*
* *

372. — La première et la plus pressante des œuvres que doit accomplir l'amour consiste à rassasier celui qui a faim, à désaltérer celui qui a soif, à vêtir celui qui est nu, à secourir les malades et les prisonniers.

*
* *

373. — Avant de faire une bonne action, on doit se mettre en dehors du mal et dans les conditions pour pouvoir l'éviter.

*
* *

374. — Celui qui fait de mauvaises actions déteste la lumière et ne marche pas dans la lumière pour ne pas dénoncer ses actions.

*
* *

375. — Les hommes préfèrent l'obscurité à la lumière quand leurs actions sont mauvaises.

*
* *

376. — L'acceptation d'une vérité nouvelle ou, mieux, le rejet de l'erreur s'achète toujours au prix d'une lutte entre le témoignage de la conscience et la force d'inertie.

*
* *

377. — Les actes de vérité, en introduisant la lumière dans la conscience de chaque homme, dissolvent l'homogénéité de l'erreur, détachant un à un de la masse les hommes soudés entre eux par la force de l'erreur.

*
* *

378. — De même que l'incendie allumé dans la steppe ou dans la forêt ne s'éteint pas avant d'avoir consumé toutes les matières sèches, mortes et partant combustibles, de même la vérité, quand une fois elle s'est exprimée par des mots, poursuit son œuvre jusqu'à ce qu'elle

anéantisse tout ce qu'elle doit anéantir — le mensonge qui, de toutes parts, l'enserre et la cache. Le feu couve longtemps ; mais, dès que la première étincelle a jailli, il brûle très vite toutes les matières combustibles. De même, la vérité cherche longtemps l'expression qui la manifestera au dehors ; mais qu'elle trouve seulement le mot qui l'exprime clairement : le mensonge et le mal seront tôt anéantis.

*
* *

379. — La sagesse de la vie consiste à considérer sa vie comme procédant de l'esprit infini.

*
* *

380. — Puisque l'homme ne voit et ne comprend pas le fantôme du fini, il faut qu'il croie à l'infini.

*
* *

381. — L'idéal n'est pas le surnaturel. Au contraire, l'idéal est tout ce qu'il y a de plus naturel et de plus certain pour l'homme. En géométrie, l'idéal, c'est la ligne droite et le cercle dont tous les rayons sont égaux ; en science,

c'est la vérité pure; en morale, c'est la vertu parfaite.

*
* *

382. — Rabaisser l'idéal, c'est non seulement diminuer nos chances d'arriver à la perfection, mais encore détruire l'idéal lui-même. L'idéal qui nous attire n'est pas inventé par quelqu'un; chaque homme le porte en son cœur! Seul cet idéal de perfection absolue et infinie nous séduit et nous attire. Une perfection possible perdrait toute l'influence sur l'âme humaine.

*
* *

383. — L'idéal seul peut nous guider dans notre existence.

*
* *

384. — La perfection divine est l'asympode de la vie humaine; c'est vers elle que l'humanité tend toujours : elle peut s'en rapprocher, mais ne peut l'atteindre que dans l'infini.

*
* *

385. — Comprenez le vrai et le beau, et toutes vos autres convictions tomberont en poussière.

XII

DIVERSES

386. — Les prétendus grands hommes ne sont que les étiquettes de l'Histoire : ils donnent leurs noms aux événements, sans même avoir, comme les étiquettes, le moindre lien avec le fait lui-même.

*
* *

387. — Si nous admettons, comme le font les historiens, que les grands hommes conduisent l'humanité vers certains buts, qu'il s'agisse de la grandeur de la Russie ou de la France, de l'équilibre européen, de propager les idées de la Révolution, du progrès en général ou de tout autre but ; — il est impossible, dans ces cas, d'expliquer les événements historiques sans recourir à l'intervention du *hasard* et du *génie*.

*
* *

388. — J'ignore la cause de tel fait, je pense que je ne peux pas la connaître et pour cette raison je ne cherche pas à la découvrir, et je dis : c'est le *hasard*.

Je vois qu'une force a produit une action incompatible avec les qualités ordinaires des hommes, je ne peux pénétrer la cause de cette force, et je m'écrie : c'est du *génie*.

*
* *

389. — La doctrine d'un grand homme n'est grande que parce qu'elle exprime d'une façon claire et compréhensible ce que d'autres ónt exprimé d'une façon obscure et difficile à comprendre. Ce qui n'est pas compréhensible dans le discours d'un grand homme, cela ne saurait être grand.

*
* *

390. — La loi de la gravitation n'est pas vraie uniquement parce qu'elle a été énoncée par Newton ; mais, au contraire, on ne connaît Newton que parce qu'il l'a découverte.

*
* *

391. — Chaque événement suscite tant de suppositions quant à ses résultats, qu'il se trouvera toujours quelques personnes qui auront le droit de dire : « Mais j'ai toujours prédit qu'il en serait ainsi », et on oublie chaque fois que dans le nombre de ces suppositions s'en trouvait une foule qui annonçait le contraire de ce qui est arrivé.

* * *

392. — A quelque chose malheur est bon. Après un incendie, on peut se chauffer, et avec un tison allumer sa pipe ; mais dira-t-on que l'incendie soit utile ?

* * *

393. — Les mots ont toujours un sens clair tant que nous ne leur donnons point à dessein un sens faux.

* * *

394. — Il existe dans l'homme une involontaire disposition d'esprit qui s'empare de lui généralement après le dîner; elle a le privilège de le

rendre satisfait et content de lui-même, et de lui faire trouver partout des amis !

*
* *

395. — Pourquoi une pomme tombe-t-elle quand elle est mûre ? Est-ce son poids qui l'entraîne ? Est-ce la queue du fruit qui meurt ? Est-ce le soleil qui la dessèche ? Est-ce le vent qui la détache, ou bien est-ce tout simplement que le gamin qui est au pied de l'arbre a une envie démesurée de la manger ?

*
* *

396. — Chaque être vivant ayant sa constitution particulière porte en lui sa maladie propre, nouvelle, inconnue à la médecine, et souvent des plus complexes. Elle ne dérive exclusivement ni des poumons, ni du foie, ni du cœur ; elle n'est mentionnée dans aucun livre de science, c'est simplement la résultante d'une des innombrables combinaisons que provoque l'altération de l'un de ces organes. Les médecins, qui passent leur vie à traiter les malades, qui y consacrent leurs

plus belles années et qui sont payés pour cela, ne peuvent pas admettre cette opinion.

*
* *

397. — Il n'est pas de conclusion historique qui résiste au scalpel de la critique.

*
* *

398. — Tout chasseur étouffe en lui le précieux sentiment de la charité. Le souverain mal de la chasse est dans ce constant suicide moral.

*
* *

399. — Les chevaux n'ont de pitié que pour eux-mêmes ou pour ceux dans la peau desquels ils pourraient entrer.

*
* *

400. — L'orgueil, le contentement de soi-même nous rendent semblables à des enfants.

*
* *

401. — On parle beaucoup du provincialisme des petites villes ; mais il n'y a pas pire provincialisme que celui du grand monde.

* * *

402. — Si éprouvé et si intelligent qu'il soit, l'homme tient à l'estime des personnages très bien considérés par le plus grand nombre.

* * *

403. — La théorie est ce que l'homme sait ; la pratique est ce qu'il fait.

* * *

404. — On prétend que la réalité, c'est ce qui existe ; ou bien que ce n'est que ce qui existe qui est réel. C'est juste le contraire. La réalité, celle que nous connaissons véritablement, c'est ce qui n'a jamais existé.

* * *

405. — Le fleuve le plus abondant ne

peut ajouter une goutte d'eau à un vase déjà plein.

*
* *

406. — L'homme ne peut rien promettre pour l'avenir.

*
* *

407. — Toute branche de l'arbre vient de la racine sans interruption, mais il ne s'ensuit nullement que toute branche soit l'unique branche.

*
* *

408. — On peut expliquer à l'homme le plus borné les choses les plus abstraites, s'il n'en a encore aucune notion ; mais on ne peut pas expliquer la chose la plus simple au plus intelligent, s'il est fermement convaincu qu'il sait parfaitement ce qu'on veut lui apprendre.

*
* *

409. — Un homme qui, par vanité, ou par curiosité, ou par désir d'étonner, risque sa vie, ne saurait passer pour courageux ; et au contraire,

un homme qui, sous l'influence d'un devoir, par sentiment de famille ou simplement par conviction, évite un danger, ne saurait être taxé de lâche.

*
* *

410. — Celui-ci est courageux qui craint ce qu'on doit craindre, et ne craint pas ce qu'on ne doit pas craindre [1].

*
* *

411. — A l'homme qui se sent la force d'accomplir une grande action, les paroles sont inutiles.

*
* *

412. — Toute pensée est à la fois exacte et mensongère : mensongère parce qu'elle est limitée par l'impossibilité où nous sommes d'embrasser toute la vérité, exacte parce qu'elle exprime une des faces du concept humain !

*
* *

[1] Voir l'Appendice IV.

413. — Si le communisme est prématuré, il a de l'avenir, de la logique, comme le christianisme des premiers siècles [1].

*
* *

414. — L'intelligence humaine ne saurait comprendre *à priori* la perpétuité absolue dans le mouvement des corps : elle n'en conçoit les lois que lorsqu'elle peut en décomposer les suites et les étudier séparément, mais en même temps ce partage arbitraire en unités précises est la cause de la plupart de nos erreurs.

*
* *

415. — Les gens timides savent que la timidité augmente en raison directe du temps et que le courage diminue dans la même proportion. En d'autres termes, plus la situation intimidante se prolonge, plus la timidité devient invincible et moins il vous reste de courage.

*
* *

[1] Voir l'Appendice IV.

416. — Les idées abstraites sont le produit de la faculté que possède l'homme d'avoir conscience de l'état de son âme à un moment donné et d'en garder mémoire.

*
* *

417. — Il faut avoir une âme[1].

*
* *

418. — Lorsqu'on amène quelqu'un à un état de fureur, le coupable n'est pas celui que l'on punit.

*
* *

419. — Une seule exécution, accomplie par des hommes instruits, à l'abri du besoin et non pas sous l'action de la passion, avec l'approbation et la participation des prêtres chrétiens, et mise en avant comme quelque chose de nécessaire et même de juste, pervertit et rend féroces les hommes plus que des centaines et des milliers

[1] Voir l'Appendice IV.

d'assassinats accomplis par des ignorants et souvent sous l'influence de la passion.

*
* *

420. — Pour changer la manière de voir de son prochain, il faut connaître le meilleur mode d'envisager les choses et vivre selon ses principes.

*
* *

421. — Enfance, heureuse enfance! temps heureux, qui ne reviendra jamais. Comment ne pas l'aimer, comment ne pas en caresser le souvenir? Ce souvenir rafraîchit et relève l'âme; il est pour nous la source des meilleures jouissances.

*
* *

422. — Retrouveras-tu jamais la fraîcheur, l'insouciance, le besoin d'affection et la foi profonde de ton enfance? Quel temps peut être meilleur que celui où les deux premières de toutes les vertus, la gaieté innocente et la soif insatiable d'affection, étaient les deux ressorts de ta vie?

XIII

LA MORT

423. — Les hommes, qui ne comprennent pas la vie, ne peuvent pas ne pas avoir peur de la mort.

⁂

424. — On travaille, on poursuit un but et l'on oublie que tout finit et que la mort est là, devant nous.

⁂

425. — L'homme accumule pour un an, mais il ne sait pas qu'il peut mourir avant la nuit.

⁂

426. — Vous savez parfaitement que votre vie matérielle finira par la mort, et vous vous *donnez*

du mal pour vous l'assurer par la richesse. La vie ne peut pas être assurée par ce que l'on possède ; considérez que c'est un leurre dont vous vous leurrez vous-mêmes.

⁂

427. — Vaut-il la peine de penser à soi, quand d'un moment à l'autre on peut mourir sans que personne ne sache et sans avoir rien fait de bon.

⁂

428. — La mort vous attend à chaque seconde. Votre vie se passe toujours en vue de la mort. Si vous travaillez pour vous seul, pour votre avenir personnel, vous savez bien que ce qui vous attend dans l'avenir, c'est la mort. Et cette mort détruit tout ce que vous contempliez en travaillant.

⁂

429. — La mort flotte au-dessus de chacun de nous. La possibilité de la mort est liée intimement à toutes les secondes de la vie.

Nous savons et nous prévoyons ce qui arrive

sur la terre et au ciel ; et la mort seule qui nous menace à tout moment, nous voulons l'oublier.

⁂

430. — Tout semble si misérable, si mesquin, si différent de ces pensées solennelles que font naître en nous l'épuisement de nos forces et l'attente de la mort. On pense à l'insignifiance de la grandeur, à l'insignifiance de la vie, dont personne ne comprend le but, à l'insignifiance encore plus grande de la mort, dont le sens reste caché et impénétrable aux vivants !

⁂

431. — Il faut penser souvent à la mort, afin qu'elle perde pour nous ses terreurs, qu'elle cesse d'être l'ennemie, et qu'elle devienne au contraire l'amie qui délivre de cette vie de misères l'âme accablée par les travaux de la vertu, pour la conduire dans le lieu de la paix[1].

⁂

[1] Voir l'Appendice IV.

432. — Si une mort tranquille, sans terreur ni désespoir, est une exception des plus rares dans notre monde, la mort avec révolte ou désolation est une exception fort rare dans le peuple.

*
* *

433. — Tous les morts sont beaux.

*
* *

434. — La vie pour soi ne peut avoir aucun sens. La vie raisonnable doit avoir en vue un autre objet qu'une pauvre personne humaine. La vie raisonnable doit consister à vivre de façon que la mort ne puisse pas anéantir la vie.

APPENDICE

I

LES ŒUVRES DE TOLSTOÏ[1]

MANUSCRITS ET ÉDITIONS RUSSES

PARUES A L'ÉTRANGER

(Genève, librairie Elpidine; Berlin, bureau bibliographique).

1. Ma Confession (*Ispovede grafa*). *Manuscrit* daté de 1879 et 1882, Moscou; éditions russes, Genève, 1884 et 1889.
2. En quoi consiste ma foi (*V tchom moïa vera*). *Manuscrit* daté du 22 janvier 1884, Moscou; éditions russes, Genève, 1884 et 1888.
3. Les Évangiles (*Moïo evanguelié*). *Manuscrit* daté de 1890; édition russe, Genève, 1890.

[1] Les traductions des œuvres de Tolstoï ont paru :
En français : Paris, chez Perrin et Cie; Hachette et Cie; Fischbacher; Albert Savine; Lemerre; etc.
En allemand : Berlin, chez Wilhelmi, Gronbach; Ianke; etc. Leipzig, Dunker und Humblot; Reisner; etc. Dresd, Pierson.
En anglais : Londres, chez Remington, Elliot Stock; etc.
En danois : Copenhague, chez Gyldendal.
En tchèque : Prague, chez Otto.

4. Quelle est ma vie? (*Kakova moïa jizne?*) *Manuscrit* daté de 1885, Moscou; édition russe, Genève, 1886.
5. L'esprit chrétien et le patriotisme. *Manuscrit* daté du 17 mars 1894, Moscou.
6. L'Église et l'État (*Tserkov i gossoudarstvo*). *Manuscrit* daté de 1891; édition russe, Berlin, 1891.
7. Le salut est en vous (*Tsarstvo bojié vnoutri vas*). *Manuscrit* daté du mois de mai 1893, *Jasnaïa Poliana*; édition russe, 2 vol., Berlin, 1894.
8. Les temps sont proches. *Manuscrit* daté du 24 septembre 1896, *Jasnaïa-Poliana*.
9. La lettre adressée au rédacteur du *Daily Chronicle*; édition russe, Genève, 1895.

ÉDITIONS DE MOSCOU

XIV volumes : édition en 8 *volumes*, 1873 (*l'imprimerie de l'Université, Katkoff et Cie*); *édition en* 12 *volumes*, 1885 (*l'imprimerie Mamontoff*); *le treizième volume a paru en* 1893 (*l'imprimerie Vollschaninoff*); *le quatorzième volune a paru en* 1895 (*l'imprimerie Mamontoff*).

T. I

10. Enfance. Adolescence. Jeunesse (*Dietstvo. Otrotschestvo. Jounoste*); composé en 1852-57.

T. II

11. Notes du prince Nekhlioudow (*Iz zapissok kniazia Nekhlioudova*).

12. Albert (*Alberte*).
13. Deux hussards (*Dva houssara*).
14. Trois morts (*Tri smerti*).
15. Les cosaques (*Kosaki*).
16. La matinée d'un pomestschik. (*Outro pomestschika*).
17. Journal d'un marquer (*Zapiski markera*).

T. III

18. Invasion (*Nabegue*).
19. Une coupe en forêt (*Roubka liessa*).
20. Sébastopol (*Sevastopol*).
21. Une rencontre (*Vstretscha v otriadié s moskovskime znakomime*).
22. Une tourmente de neige (*Metel*).
23. Bonheur intime (*Semeinoé stschastié*).
24. Polikouschka.

T. IV

25. L'instruction publique et l'école de Jasnaïa Poliana (*Narodnoié obrasovanié; Jasno-Polianskaïa Schkola*).
26. Contes pour les enfants (*Basni i razkasi dlia detieï*).

T. V, VI, VII et VIII

27. La guerre et la paix (*Voïna i Mir*); composé en 1864-69.

T. IX, X et XI

28. Anna Karenine (*Anna Karenina*); composé en 1873-76.

T. XII

29. Ce qui fait vivre les hommes (*Tchem loudi jivi*).
30. Feu qui flambe ne s'éteint pas (*Oupoustisch ogone, ne potouschich*).
31. Le cierge (*Svetschka*).
32. Les deux vieillards (*Dva starika*).
33. L'où est l'amour, là est Dieu (*Gdié lioubov, tam i bog*).
34. Dieu et le Diable (*Vragié liepko, a bogië krepko*).
35. Les petites filles ont plus d'esprit que les vieillards (*Devtschonki oumneé starikov*).
36. Les deux frères et l'or (*Dva brata i zoloto*).
37. Ilias.
38. Conte sur Jean le Sot (*Skazka ob Ivané douratschké*).
39. Légendes populaires (*Narodniïa leguendi*).
40. Comment le Diable a mérité sa tranche de pain (*Kak tschertionok kraiouschkou vikoupil*).
41. Combien faut-il de terre pour un homme? (*Mnogo-li tschelovekou zemli noujno?*)
42. Un grain comme un œuf de poule (*Zerno s kourinoić iaïtso*).
43. Le Filleul (*Krestnik*).
44. Trois vieillards (*Tri startsa*).
45. Pécheur repenti (*Kaioustchisia greschnik*).
46. Dékabristi (Deux variantes au premier chapitre)[1].
47. Cholstomer (*Histoire d'un cheval*).

[1] Voir l'Appendice IV.

48. La mort d'Ivan Ilitsch (*Smerte Ivana Ilitscha*).
49. La Puissance des ténèbres (*Vlaste temi*). (Pièce en 5 actes.)

T. XIII

50. En quoi consiste le bonheur (*V tschom stschastié*) ; composé en 1882.
51. A propos du recensement de Moscou (*O perepissi v Moskvé*) ; composé en 1882.
52. Que faire ? (*Tak tschto-jé nam delate ?*) ; composé en 1884-85.
53. La vie à la ville (*Jizne v gorodé*).
54. La vie à la campagne (*Jizne v derevnié*).
55. Sur la destination de la science et de l'art (*O naznatschenii naouki i iskoustva*).
56. Sur le travail et le luxe (*O troudié i roskoschi*).
57. Aux femmes (*Jentschiname*).
58. Le travail manuel et intellectuel (*Routschnoï troud i oumstvennaïa dieiatelnoste*).
59. De la vie (*O jizni*).
60. L'amour (*Lioubov*).
61. La crainte de la mort (*Strach smerti*).
62. Les souffrances (*Stradaniïa*).
63. A propos de la fête de l'Université de Moscou (*O prazdniké prosvestschenia* 12 *ianvaria*).
64. L'amour du travail et le triomphe du laboureur (*Troudoloubié i torjestvo zemledeltsa*).
65. Les fruits de la science (*Plody prosvestschenia*) ; composé en 1891.
66. Sur l'intempérance (*Dla tscheho loudi odourmanivaoutsa ?*) ; composé le 10 juin 1890.

67. La sonate à Kreutzer (*Kreutzerova sonata*).
68. Les premiers souvenirs (*Pervia vospominania*).
69. La famine (*Stati po povodou goloda*), 1891-2.
70. Le premier degré (*Pervaïa stoupene*), 1892.
71. Le non-agir (*Nié dielanié*), août 1893.
72. La liberté de la volonté (*K voprossou o svobodié voli*), 1893.
73. L'entretien des hommes adroits (*Besseda dosoujich loudeï*), 1892.
74. Préface au Journal d'Amiel (*Predislovié k dnevnikou Amiela*), 1893.
75. Préface aux œuvres de Guy de Maupassant (traduction russe) (*Predislovié k sotschineniame Guy de Maupassant*), avril 1894.

T. XIV

76. Marchez pendant qu'il en est temps (*Chodité v svet, poka ieste vremia*).
77. Maître et serviteur (*Choziaïne i rabotnik*).
78. La religion et la morale (*Religuia i nravstvennoste*).
79. La traduction de la lettre de Madzini sur l'immortalité de l'âme.
80. Kofeinia.
81. La poupe (*Kormá*).
82. Françoisa.
83. Trois paraboles (*Tri pritschi*).
84. Qu'est-ce que l'art? (*Tschto takoïé iskoustvo?*) *Voprossy filossofii i psykologuii* (Revue de philosophie et de psychologie), Moscou, novembre-décembre 1897 et janvier-février 1898.

II

LE TOLSTOÏSME

Je ne donne ici qu'un petit nombre d'ouvrages et d'articles qui touchent à la vie ou à l'œuvre de Tolstoï.

EN FRANÇAIS

Melchior de Voguë. *Le roman russe*. Paris, 1886.

Edouard Rod. *Les idées morales du temps présent*. Paris, 1892.

Théodor de Wyzewa. *Ecrivains étrangers*. Paris, 1896.

G. Dumas. *Tolstoï et la philosophie de l'amour*. Paris, 1893.

E. Dupuy. *Les grands maîtres de la littérature russe*. Tolstoï. Paris, 1885.

Henri Lapauze. *De Paris au Volga*. Paris, 1896.

P. Maffre. *Le Tolstoïsme et le Christianisme*. Thèse soutenue devant la Faculté de théologie de Montauban. Juillet 1896.

Jules Lemaître. *Les contemporains* (La littérature du Nord), 6e série, 1896.

Anatole Leroy-Beaulieu. *Etude*. « Revue des Deux-Mondes », 15 septembre 1888.

Emile Hennequin. *Ecrivains francisés*. Paris, 1889.

Marie de Manaceïne. *L'anarchie passive et le comte Léon Tolstoï*. Paris, 1895.

Louis Ulbach, article sur Tolstoï. Journal *le Rappel*, Paris, 1er juin 1887.

Paul Perret, article sur Tolstoï. Journal *la Liberté*, Paris, 21 juin 1887.

Ossip-Lourié. *La religion et la morale*, *Revue Philosophique*, Paris, janvier 1896. — *Les Temps sont proches*, Idem, avril 1897. — *Qu'est-ce que l'Art?* Idem, avril 1898.

EN ALLEMAND

Seuron (Anna). *Graf Leo Tolstoi.* Intimes aus seinem Leben. Berlin, 1895.

R. Lowenfeld. *Leo Tolstoi, sein Leben, seine Werke.* Berlin, 1892.

R. Saitschik. *Die Weltanschauung.* Neuwied, 1893.

EN RUSSE

N. Grotte. Les idées morales du temps présent (*Nravstvennié idealy nascheho vremeni*). Moscou, 1895.

Michaïlowsky. Essais critiques (*Kritilscheskié opily*). Saint-Pétersbourg, 1887.

Skabitschewsky. Le comte Tolstoï, artiste et penseur. (*Graf Tolstoï kak choudojnik i mislitel.*) Saint-Pétersbourg, 1888.

Tsertelew. La philosophie morale de Tolstoï. (*Nravstvennaïa philosophia Tolstoho.*) Moscou, 1889.

Strachow. Etudes critiques sur Tolstoï. (*Kritilscheskié stati o Tolstom.*) Saint-Pétersbourg, 1895.

V. Bourenine. *Etudes critiques.* Saint-Pétersbourg, 1888.

EN ANGLAIS

Kenworthy. *A pilgrimage to Tolstoi*. London, 1896.

Mattkew Arnold. *Epays in Criticism*. Second series. London, 1896.

Farrar. *Une étude sur Tolstoï*. Revue américaine *Forum*, octobre 1888.

Les écrivains américains *Savadje* et *Ingersol* ont consacré deux livres aux théories de Tolstoï. Je regrette de ne pouvoir donner ici les titres de ces ouvrages.

EN DANOIS

Georg Brandes. Impressions de Russie. Tolstoï. (*Indtryk fra Rusland.*) Copenhague, 1891.

EN SUÉDOIS

Karl af Geierstam. Biographie de Tolstoï (*Levnts-beskrivelse af Tolstoi*). Stockholm, 1892.

EN NORVÉGIEN

Ossip-Lourié. : 1. *Grev Tolstoi*, Journal « Morgenbladet », Christiania, n° 550, 1897 ; 2. *Tolstoi og Kunsten*, idem, n° 17, 1898 (Extranumer).

III

SOURCES DES PENSÉES

Pensées : 1, 2, 4, 24, 42, 45-50, 52-56, 58, 66, 76-78, 80, 81, 84, 85, 89, 90, 92-95, 103, 105, 120-132,

134-139, 160-162, 164-166, 169-189, 191, 192, 201, 206, 211-213, 215, 227, 238, 239, 245, 346, 357, 362, 363, 365-368, 382, 384, 389, 405, 407, 408, 419 : Le Salut est en vous (*Tsarstvo Bojié vnoutri vas*).

Pensées : 12, 13, 16-19, 23, 25, 28-30, 32-40, 43, 44, 57, 60-5, 67, 69-75, 86, 104, 108-128, 141, 142, 147-49, 163, 167, 202-204, 207, 209, 220, 225, 243, 246-250, 252 54, 260, 265, 272, 323, 324, 341, 351, 353, 356, 358-60, 364, 369, 370, 377, 426, 428, 434 : En quoi consiste ma foi. (*V tschom moïa véra*).

Pensées : 5-8, 21, 22, 106, 107, 133, 146, 150, 152, 153, 190, 194, 251, 339, 340, 342, 379, 406, 429 : Les Evangiles (*Moïo Evanguelié*).

Pensées : 3, 140, 143-45, 154-58, 271, 273, 327, 374, 375, 380, 400, 432 : Ma confession (*Ispovede grafa*).

Pensées : 26, 27, 88, 151, 208, 210, 274, 361, 386-88, 391, 394-97, 414, 430, 431 : La Guerre et la Paix (*Voïna i Mir*).

Pensées : 9, 10, 59, 79, 91, 101, 233, 263, 264, 266-70, 275, 286-7, 289-292, 392 : La destination de la science et de l'art (*O naznatschenii naouki i iskoustva*).

Pensées : 99, 216-219, 222, 224, 230, 234, 248 : l'Argent (*Diénegui*).

Pensées : 20, 51, 235, 328, 329, 343, 346, 371, 372, 390 : L'amour du travail et le triomphe du laboureur (*Troudoloubié i torjestvo zemledieltsa*).

Pensées : 83, 102, 237, 315, 393 : Le travail et le luxe (*O Troudié i roskoschi*).

Pensées : 221, 223, 239, 332 : La famine (*Po povodou goloda*).

Pensées : 159, 325, 425 : Ce qui fait vivre les hommes (*Tschem lioudi jivi*).

Pensées : 326, 347 : De l'intempérance.

Pensées : 354-5 : Feu qui flambe ne s'éteint pas (*Oupoustich ogone, ne polouschisch*).

Pensée : 235 : Ce qu'il faut faire (*Tschto nam noujno-dielate*).

Pensée : 433 : La vie en ville (*Jizne v gorodié*).

Pensée : 352 : Le Filleul (*Krestnik*).

Pensée : 399 : Histoire d'un cheval (*Cholstomer*).

Pensée : 423 : La crainte de la mort (*Strach smerti*).

Pensée : 410 : Puissance des ténèbres (*Vlaste temi*).

Pensée : 68 : Maître et serviteur (*Chosiaïne i rabotnik*).

Pensées : 294-302, 304-6, 309-312 : L'instruction publique (*O narodnome obrazovanii*).

Pensées : 288, 303, 307, 308, 418 : l'École de Jasnaia Poliana (*Jasno-Polianskaïa schkola*).

Pensées : 262, 276, 277-285, 293 : Qu'est-ce que l'Art ? (*Tschto takoïé iskousivo ?*)

Pensées : 316-321, 330, 331 : La Sonate à Kreutzer (*Kreutzerova sonata*).

Pensées : 82, 193, 195-198 : L'Esprit chrétien et le Patriotisme.

Pensées : 31, 258, 333, 413, 424 : Anna Karenine (*Anna Karenina*).

Pensées : 226, 228, 229, 230, 232, 242, 403, 420 : Que faire ? (*Tschto-jé name dielate ?*)

Pensées : 199, 200, 214, 376, 378 : Les temps sont proches.

Pensées : 11, 97, 168, 259, 345, 412 : Notes du prince Nekhlioudov (*Zapiski kniazia Nekhlioudova*).

Pensées : 415, 421, 422 : Enfance (*Dietstvo*).

Pensées : 14, 15, 41, 257, 334, 336, 337, 338 : Adolescence (*Otrotschestvo*).

Pensées : 313, 314, 322, 336, 337, 338 : Aux Femmes (*Genstchiname*).

Pensées : 96, 241, 373 : Quelle est ma vie (*Kakova moïa jizne*).

Pensées : 87, 98, 205, 244, 255, 381, 383, 404 : Le non-agir (*Ne dielanié*).

Pensées : 100, 256, 385, 409, 410, 411, 427 : Une expédition (*Nabegue*).

Pensée : 253 : Sébastopol (*Sevastopole*).

Pensées : 349, 350, 398 : La chasse (*Ochota*).

Pensées : 401, 402 : Les décembristes (*Dekabristi*).

IV

NOTES

I. *Iasnaïa Poliana*. Nom du domaine du comte Tolstoï, aux environs de Toula, et titre du journal de pédagogie qu'il dirigea pendant quelque temps.

II. Pensée 104. — *En quoi consiste ma foi*. Cet ouvrage fut composé en 1884; Tolstoï changea donc ses idées religieuses en 1879, c'est-à-dire à l'âge de cinquante et un ans.

III. Pensée 151. — *La Guerre et la Paix*. Conversation de Pierre Bezouchov avec le franc-maçon.

IV. Pensée 202. — *En quoi consiste ma foi*. A propos du commandement : « Ne considérez pas les hommes de nationalités différentes de la vôtre comme des ennemis; mais considérez tous les hommes comme des frères et entretenez avec eux les mêmes rapports qu'avec ceux de votre nation. C'est pourquoi, non seulement ne tuez pas ceux qu'on appelle les ennemis, mais aimez-les et faites-leur du bien. »

V. Pensée 274. — Voir la note III.

VI. Pensée 333. — *Anna Karenine*. Réflexion d'Anna Karenine avant sa mort.

VII. Pensée 341. — *En quoi consiste ma foi*. A propos du raisonnement de quelques-uns : « La doctrine chrétienne est admirable et procure le vrai bien ; mais les hommes sont faibles, ils veulent faire le mieux et font le pire. »

VIII. Pensée 410. — Même définition de la bravoure par Platon.

IX. Pensée 413. — *Anna Karenine.* Paroles de Nikolas Levine.

X. Pensée 417. — *Puissance des ténèbres.* Paroles d'Akim.

XI. Pensée 431. — Voir la note III.

XII. Le 14 (26) décembre 1825, l'année même de l'avènement du tzar Nicolas Ier, éclata en Russie une révolte révolutionnaire, sous la direction du prince Troubetskoï et du poète Riléiev. De là le surnom de *Décembristes* donné aux conjurés.

TABLE DES MATIÈRES

ÉVREUX, IMPRIMERIE DE CHARLES HÉRISSEY

27. WURTZ. La théorie atomique, 6e édition.
28-29. SECCHI (Le Père). Les étoiles, 3e édition, illustré.
30. N. JOLY. L'homme avant les métaux, 4e édit., illustré.
31. A. BAIN. La science de l'éducation, 8e édition.
32-33. THURSTON. Histoire de la machine à vapeur. 3e éd.
34. R. HARTMANN. Les peuples de l'Afrique, 2e édit., illustré.
35. HERBERT SPENCER. Les bases de la morale évolutionniste, 5e édition.
36. TH.-H. HUXLEY. L'écrevisse, introduction à l'étude de la zoologie, 2e édition, illustré.
37. DE ROBERTY. La sociologie, 3e édition.
38. O.-N. ROOD. Théorie scientifique des couleurs et leurs applications à l'art et à l'industrie, 2e édition, illustré.
39. DE SAPORTA et MARION. L'évolution du règne végétal. *Les cryptogames*, illustré.
40-41. CHARLTON-BASTIAN. Le système nerveux et la pensée. 2e édition. 2 vol. illustrés.
42. JAMES SULLY. Les illusions des sens et de l'esprit, 2e éd., ill.
43. YOUNG. Le Soleil, illustré.
44. A. DE CANDOLLE. Origine des plantes cultivées, 4e édit.
45-46. J. LUBBOCK. Les Fourmis, les Abeilles et les Guêpes. 2 vol. illustrés.
47. ED. PERRIER. La philos. zoologique avant Darwin, 3e éd.
48. STALLO. La matière et la physique moderne, 2e édition.
49. MANTEGAZZA. La physionomie et l'expression des sentiments, 3e édit., illustré.
50. DE MEYER. Les organes de la parole, illustré.
51. DE LANESSAN. Introduction à la botanique. *Le sapin*. 3e édit., illustré.
52-53. DE SAPORTA et MARION. L'évolution du règne végétal. *Les phanérogames*. 2 volumes illustrés.
54. TROUESSART. Les microbes, les ferments et les moisissures, 2e éd., illustré.
55. HARTMANN. Les singes anthropoïdes, illustré.
56. SCHMIDT. Les mammifères dans leurs rapports avec leurs ancêtres géologiques, illustré.
57. BINET et FÉRÉ. Le magnétisme animal, 4e éd., illustré.
58-59. ROMANES. L'intelligence des animaux. 2 vol., 2e éd.
60. F. LAGRANGE. Physiologie des exercices du corps. 7e éd.
61. DREYFUS. L'évolution des mondes et des sociétés. 3e éd.
62. DAUBRÉE. Les régions invisibles du globe et des espaces célestes, illustré, 2e édition.
63-64. SIR JOHN LUBBOCK. L'homme préhistorique. 4e édition, 2 volumes illustrés.
65. RICHET (Ch.). La chaleur animale, illustré.
66. FALSAN. La période glaciaire, illustré.
67. BEAUNIS. Les sensations internes.
68. CARTAILHAC. La France préhistorique, illustré. 2e éd.
69. BERTHELOT. La révolution chimique, Lavoisier, illustré.
70. SIR JOHN LUBBOCK. Les sens et l'instinct chez les animaux, illustré.
71. STARCKE. La famille primitive.

72. ARLOING. **Les virus**, illustré.
73. TOPINARD. **L'homme dans la nature**, illustré.
74. BINET. **Les altérations de la personnalité.**
75. A. DE QUATREFAGES. **Darwin et ses précurseurs français.** 2ᵉ éd.
76. LEFÈVRE. **Les races et les langues.**
77-78. A. DE QUATREFAGES. **Les émules de Darwin.** 2 vol.
79. BRUNACHE. **Le centre de l'Afrique, autour du Tchad,** illustré.
80. A. ANGOT. **Les aurores polaires**, illustré.
81. JACCARD. **Le pétrole, l'asphalte et le bitume**, illustré.
82. STANISLAS MEUNIER. **La géologie comparée**, illustré.
83. LE DANTEC. **Théorie nouvelle de la vie**, illustré.
84. DE LANESSAN. **Principes de colonisation.**
85. DEMOOR, MASSART et VANDERVELDE. **L'évolution régressive en biologie et en sociologie**, illustré.
86. G. DE MORTILLET. **Formation de la nation française**, illustré.

COLLECTION MÉDICALE

ÉLÉGANTS VOLUMES IN-12, CARTONNÉS A L'ANGLAISE, A 4 ET A 3 FRANCS

La Phtisique et son traitement hygiénique, par le Dʳ E.-P. Léon-Petit, médecin de l'hôpital d'Ormesson, avec 20 gravures. 4 fr.

Hygiène de l'alimentation dans l'état de santé et de maladie, par le Dʳ J. Laumonier, avec gravures. 4 fr.

L'alimentation des nouveau-nés, *Hygiène de l'allaitement artificiel*, par le Dʳ S. Icard, avec 60 gravures, 2ᵉ édit. 4 fr.

La mort réelle et la mort apparente, nouveaux procédés de diagnostic et traitement de la mort apparente, par le Dʳ S. Icard, avec gravures. 4 fr.

L'hygiène sexuelle et ses conséquences morales, par le Dʳ S. Ribbing, professeur à l'Université de Lund (Suède). 4 fr.

Hygiène de l'exercice chez les enfants et les jeunes gens, par le Dʳ F. Lagrange, lauréat de l'Institut. 4ᵉ édit. 4 fr.

De l'exercice chez les adultes, par le Dʳ F. Lagrange. 2ᵉ édition. 4 fr.

Hygiène des gens nerveux, par le Dʳ Levillain. 3ᵉ édition avec gravures. 4 fr.

L'idiotie. *Psychologie et éducation de l'idiot*, par le Dʳ J. Voisin, médecin de la Salpêtrière, avec gravures. 4 fr.

La famille névropathique, *Hérédité, prédisposition morbide, dégénérescence*, par le Dʳ Ch. Féré, médecin de Bicêtre, avec gravures. 4 fr.

L'éducation physique de la jeunesse, par A. Mosso, professeur à l'Université de Turin. Préface de M. le Commandant Legros. 4 fr.

Manuel de percussion et d'auscultation, par le Dr P. SIMON, professeur à la Faculté de médecine de Nancy, avec grav. 4 fr.

Éléments d'anatomie et de physiologie génitales et obstétricales, par le Dr A. POZZI, professeur à l'école de médecine de Reims, avec 219 gravures. 4 fr.

Manuel théorique et pratique d'accouchements, par le Dr A. POZZI, avec 138 gravures. 4 fr.

Le traitement des aliénés dans les familles, par le Dr FÉRÉ, médecin de Bicêtre. 2e édition. 3 fr.

Petit manuel d'antisepsie et d'asepsie chirurgicales, par les Drs FÉLIX TERRIER, professeur à la Faculté de médecine de Paris, membre de l'Académie de médecine, et M. PÉRAIRE, ancien interne des hôpitaux, assistant de consultation chirurgicale à l'hôpital Bichat, avec gravures. 3 fr.

Petit manuel d'anesthésie chirurgicale, par les mêmes, avec 37 gravures. fr

L'opération du trépan, par les mêmes, avec 222 grav. 4 fr.

Chirurgie de la face, par les Drs FÉLIX TERRIER, GUILLEMAIN et MALHERBE, anciens internes des hôpitaux, avec gravures. 4 fr.

Morphinisme et Morphinomanie, par le Dr PAUL RODET. 4 fr.

La fatigue et l'entraînement physique, par le Dr PH. TISSIÉ, avec gravures. 4 fr.

Manuel d'hydrothérapie, par le Dr MACARIO. 3 fr.

MÉDECINE

Extrait du catalogue, par ordre de spécialités.

A. — Pathologie et thérapeutique médicales.

AXENFELD ET HUCHARD. **Traité des névroses.** 2e édition, par HENRI HUCHARD. 1 fort vol. gr. in-8. 20 fr.

BARTELS. **Les maladies des reins,** avec notes de M. le prof. LÉPINE. 1 vol. in-8, avec fig. 7 fr. 50

BOUCHARDAT. **De la glycosurie ou diabète sucré,** son traitement hygiénique, 2e édition. 1 vol. grand in-8, suivi de notes et documents sur la nature et le traitement de la goutte, la gravelle urique, sur l'oligurie, le diabète insipide avec excès d'urée, l'hippuric, la pimélorrhée, etc. 15 fr.

BOUCHUT ET DESPRÉS. **Dictionnaire de médecine et de thérapeutique médicales et chirurgicales,** comprenant le résumé de la médecine et de la chirurgie, les indications thérapeutiques de chaque maladie, la médecine opératoire, les accouchements, l'oculistique, l'odontotechnie, les maladies d'oreilles, l'électrisation, la matière médicale, les eaux minérales, et un formulaire spécial pour chaque maladie. 6e édition, 1895, très augmentée. 1 vol. in-4, avec 1001 fig. dans le texte et 3 cartes. Br. 25 fr.; relié. 30 fr.

CORNIL ET BABES. **Les bactéries et leur rôle dans l'anatomie et l'histologie pathologiques des maladies infectieuses.** 2 vol. in-8, avec 350 fig. dans le texte en noir et en couleurs et 12 pl. hors texte, 3e éd. entièrement refondue, 1890. 40 fr.

DAVID. **Les microbes de la bouche.** 1 vol. in-8 avec gravures en noir et en couleurs dans le texte. 10 fr.

DÉJERINE-KLUMPKE (Mme). **Des polynévrites et des paralysies et atrophies saturnines.** 1 vol. in-8. 1889. 6 fr.

DESPRES. **Traité théorique et pratique de la syphilis,** ou infection purulente syphilitique. 1 vol. in-8. 7 fr.

DUCKWORTH (Sir Dyce). **La goutte,** son traitement. Trad. de l'anglais par le Dr RODET. 1 vol. gr. in-8 avec gr. dans le texte. 10 fr.

DURAND-FARDEL. **Traité des eaux minérales** de la France et de l'étranger, et de leur emploi dans les maladies chroniques, 3e édition. 1 vol. in-8. 10 fr.

FÉRÉ (Ch.). **Les épilepsies et les épileptiques.** 1 vol. gr. in-8 avec 12 planches hors texte et 67 grav. dans le texte. 1890. 20 fr.

FÉRÉ (Ch.). **La pathologie des émotions.** 1 vol. in-8. 1893. 12 fr.

FINGER (E.). **La blennorrhagie et ses complications.** 1 vol. gr. in-8 avec 36 grav. et 7 pl. hors texte. Traduit de l'allemand par le docteur HOGGE. 1894. 12 fr.

FINGER (E.). **La syphilis et les maladies vénériennes,** trad. de l'all. avec notes par les Drs SPILLMANN et DOYON. 1 vol. in-8, avec 5 planches hors texte. 1895. 12 fr.

FLEURY (Maurice de). **Introduction à la médecine de l'esprit,** 1 volume in-8. 1897. 7 fr. 50

HERARD, CORNIL ET HANOT. **De la phtisie pulmonaire,** 1 vol. in-8, avec fig. dans le texte et pl. coloriées. 2e éd. 20 fr.

ICARD (S.). **La femme pendant la période menstruelle.** Étude de psychologie morbide et de médecine légale. In-8. 6 fr.

LANCEREAUX. **Traité historique et pratique de la syphilis.** 2e édit. 1 vol. gr. in-8, avec fig. et planches color. 17 fr.

MARVAUD (A.). **Les maladies du soldat,** étude étiologique, épidémiologique et prophylactique. 1 vol. grand in-8. 1894. 20 fr.
Ouvrage couronné par l'Académie des sciences.

MAUDSLEY. **La pathologie de l'esprit.** 1 vol. in-8. 10 fr.

MURCHISON. **De la fièvre typhoïde.** In-8, avec figures dans le texte et planches hors texte. 3 fr.

NIEMEYER. **Éléments de pathologie interne et de thérapeutique,** traduit de l'allemand, annoté par M. CORNIL. 3e édit. franç., augmentée de notes nouvelles. 2 vol. in-8. 4 fr. 50

ONIMUS ET LEGROS. **Traité d'électricité médicale.** 1 fort vol. in-8, avec 275 figures dans le texte. 2e édition. 17 fr.

RILLIET ET BARTHEZ. **Traité clinique et pratique des maladies des enfants.** 3e édit., refondue et augmentée par BARTHEZ et A. SANNÉ. Tome I, 1 fort vol. gr. in-8. 16 fr.
Tome II, 1 fort vol. gr. in-8. 14 fr.
Tome III terminant l'ouvrage, 1 fort vol. gr. in-8. 25 fr.

SÉE (M.). **Le Gonocoque**, 1 vol. in-8. 1896. 10 fr.

SOLLIER (Paul). **Genèse et nature de l'hystérie**, 2 forts vol. in-8. 1897. 20 fr.

TAYLOR. **Traité de médecine légale**, traduit sur la 7e édition anglaise, par le Dr HENRI COUTAGNE. 1 vol. gr. in-8. 4 fr. 50

VOISIN (J.). **L'épilepsie**, 1 vol. in-8. 1896. 6 fr.

B. — Pathologie et thérapeutique chirurgicales.

ANGER (Benjamin). **Traité iconographique des fractures et luxations**. 1 fort volume in-4, avec 100 planches coloriées, et 127 gravures dans le texte. 2e tirage. Relié. 150 fr.

BILLROTH ET WINIWARTER. **Traité de pathologie et de clinique chirurgicales générales**, 2e édit. d'après la 10e édit. allemande. 1 fort vol. gr. in-8, avec 180 fig. 20 fr.

Congrès français de chirurgie. Mémoires et discussions, publiés par MM. POZZI, secrétaire général, et PICQUÉ, secrétaire général adjoint.

1re, 2e et 3e sessions : 1885, 1886, 1888, 3 forts vol. gr. in-8, avec fig., chacun, 14 fr. — 4e session : 1889, 1 fort vol. gr. in-8, avec fig., 16 fr. — 5e session : 1891, 1 fort vol. gr. in-8, avec fig., 14 fr. — 6e session : 1892, 1 fort vol. gr. in-8, avec fig. 16 fr. — 7e session : 1893, 1 fort vol. gr. in-8, 18 fr. — 8e, 9e et 10e sessions : (1894-95-96), chacune 20 fr.

DE ARLT. **Des blessures de l'œil**, considérées au point de vue pratique et médico-légal. 1 vol. in-18. 1 fr. 25

DELORME. **Traité de chirurgie de guerre**. 2 vol. gr. in-8.
Tome I, avec 95 grav. dans le texte et 1 pl. hors texte. 16 fr.
Tome II, terminant l'ouvrage, avec 400 grav. dans le texte 26 fr.
Ouvrage couronné par l'Académie des sciences.

JAMAIN ET TERRIER. **Manuel de pathologie et de clinique chirurgicales**. 3e édition. Tome I, 1 fort vol. in-18. 8 fr. — Tome II, 1 vol. in-18. 8 fr. — Tome III, avec la collaboration de MM. BROCA et HARTMANN, 1 vol. in-18. 8 fr. — Tome IV, avec la collaboration de MM. BROCA et HARTMANN, 1 vol. in-18. 8 fr.

LIEBREICH. **Atlas d'ophtalmoscopie**, représentant l'état normal et les modifications pathologiques du fond de l'œil vues à l'ophtalmoscope. 3e édition, atlas in-fo de 12 planches. 40 fr.

MAC CORMAC. **Manuel de chirurgie antiseptique**, traduit de l'anglais par M. le docteur LUTAUD. 1 fort vol. in-8. 2 fr.

MALGAIGNE ET LE FORT. **Manuel de médecine opératoire**. 9e édit. 2 vol. gr. in-18, avec nombreuses fig. dans le texte. 16 fr.

NÉLATON. **Éléments de pathologie chirurgicale**, par A. NÉLATON, membre de l'Institut, professeur de clinique à la Faculté de médecine, etc. Ouvrage complet en 6 volumes.

Seconde édition, complètement remaniée, revue par les Drs JAMAIN, PÉAN, DESPRÉS, GILLETTE et HORTELOUP, chirurgiens des hôpitaux. 6 forts vol. gr. in-8, avec 795 figures dans le texte. 32 fr.

NIMIER ET DESPAGNET. **Traité élémentaire d'ophtalmologie.** 1 fort vol. gr. in-8, avec 432 gr. Cart. à l'angl. 1894. 20 fr.

PAGET (sir James). **Leçons de clinique chirurgicale**, trad. par L.-H. PETIT, et introd. du prof. VERNEUIL. 1 vol. gr. in-8. 8 fr.

RICHARD. **Pratique journalière de la chirurgie.** 1 vol. gr. in-8, avec 215 fig. dans le texte. 2e édit. 5 fr.

SOELBERG-WELLS. **Traité pratique des maladies des yeux.** 1 fort vol. gr. in-8, avec figures. 4 fr. 50

TERRIER. **Éléments de pathologie chirurgicale générale.**
1er fascicule : *Lésions traumatiques et leurs complications.* 1 vol. in-8. 7 fr.
2e fascicule : *Complications des lésions traumatiques. Lésions inflammatoires.* 1 vol. in-8. 6 fr.

TERRIER ET BAUDOUIN. **De l'hydronéphrose intermittente**, 1892. 1 vol. in-8. 5 fr.

VIRCHOW. **Pathologie des tumeurs**, cours professé à l'université de Berlin, traduit de l'allemand par le docteur ARONSSOHN. — Tome I, 1 vol. gr. in-8, avec 106 fig. 3 fr. 75. — Tome II. 1 vol. gr. in-8, avec 74 fig. 3 fr. 75. — Tome III, 1 vol. gr. in-8. avec 49 fig. 3 fr. 75. — Tome IV, 1 vol. gr. in-8, avec figures. 1 fr. 50

C. — Thérapeutique. Pharmacie. Hygiène.

BOSSU. **Petit compendium médical.** 1 vol. in-32, 4e édit., cart. à l'anglaise. 1 fr. 25

BOUCHARDAT. **Nouveau formulaire magistral**, précédé d'une Notice sur les hôpitaux de Paris, de généralités sur l'art de formuler, suivi d'un Précis sur les eaux minérales naturelles et artificielles, d'un Mémorial thérapeutique, de notions sur l'emploi des contrepoisons et sur les secours à donner aux empoisonnés et aux asphyxiés. 1896, 31e édition, revue et corrigée. 1 vol. in-18, broché, 3 fr. 50 ; cartonné, 4 fr. ; relié. 4 fr. 50

BOUCHARDAT ET DESOUBRY. **Formulaire vétérinaire**, contenant le mode d'action, l'emploi et les doses des médicaments. 5e édit. 1 vol. in-18, br. 3 fr. 50, cart. 4 fr., relié. 4 fr. 50

BOUCHARDAT. **De la glycosurie ou diabète sucré**, son traitement hygiénique. 2e édition. 1 vol. grand in-8, suivi de notes et documents sur la nature et le traitement de la goutte, la gravelle urique, sur l'oligurie, le diabète insipide avec excès d'urée, l'hippurie, la pimélorrhée, etc. 15 fr.

BOUCHARDAT. **Traité d'hygiène publique et privée**, basée sur l'étiologie. 1 fort vol. gr. in-8. 3e édition, 1887. 18 fr.

LAGRANGE (F.). **La médication par l'exercice.** 1 vol. grand in-8, avec 68 grav. et une carte. 1894. 12 fr.

WEBER. **Climatothérapie**, traduit de l'allemand par les docteurs DOYON et SPILLMANN. 1 vol. in-8. 1886. 6 fr.

D. — Anatomie. Physiologie. Histologie.

BELZUNG. **Anatomie et physiologie animales.** 1 fort vol. in-8 avec 522 gravures dans le texte. 5e éd., revue. 6 fr., cart. 7 fr.

BÉRAUD (B.-J.). **Atlas complet d'anatomie chirurgicale topographique,** pouvant servir de complément à tous les ouvrages d'anatomie chirurgicale, composé de 109 planches représentant plus de 200 figures gravées sur acier, avec texte explicatif. 1 fort vol. in-4.
Prix : fig. noires, relié, 60 fr. — Fig. coloriées, relié, 120 fr.

BERNARD (Claude). **Leçons sur les propriétés des tissus vivants,** avec 94 fig. dans le texte. 1 vol. in-8. 2 fr. 50

BURDON-SANDERSON, FOSTER ET BRUNTON. **Manuel du laboratoire de physiologie,** traduit de l'anglais par M. MOQUIN-TANDON. 1 vol. in-8, avec 184 fig. dans le texte. 7 fr.

CORNIL, RANVIER, BRAULT ET LETULLE. **Manuel d'histologie pathologique.** 3e édition. 3 vol. in-8, avec nombreuses figures dans le texte. (*Sous presse.*)

DEBIERRE. **Traité élémentaire d'anatomie de l'homme.** Anatomie descriptive et dissection, avec notions d'organogénie et d'embryologie générales. Ouvrage complet en 2 volumes. 40 fr.
Tome I, *Manuel de l'amphithéâtre*, 1 vol. in-8 de 950 pages avec 450 figures en noir et en couleurs dans le texte. 1890. 20 fr.
Tome II et dernier : 1 vol. in-8 avec 515 figures en noir et en couleurs dans le texte. 20 fr.
Ouvrage couronné par l'Académie des sciences.

DEBIERRE ET DOUMER. **Album des centres nerveux.** 1 fr. 50

FAU. **Anatomie des formes du corps humain,** à l'usage des peintres et des sculpteurs. 1 atlas in-folio de 25 planches. Prix : fig. noires, 15 fr. — Fig. coloriées. 30 fr.

FERRIER. **Les fonctions du cerveau.** 1 v. in-8. avec 68 fig. 3 fr.

LABORDE. **Les tractions rythmées de la langue,** traitement physiologique de la mort. 1 vol. in-12. 2e éd. 1897. 5 fr.

LEYDIG. **Traité d'histologie comparée de l'homme et des animaux.** 1 fort vol. in-8, avec 200 figures. 4 fr. 50

LONGET. **Traité de physiologie.** 3e édition, 3 vol. gr. in-8, avec figures. 12 fr.

MAREY. **Du mouvement dans les fonctions de la vie.** 1 vol. in-8, avec 200 figures dans le texte. 3 fr.

PREYER. **Éléments de physiologie générale.** Traduit de l'allemand par M. J. SOURY. 1 vol. in-8. 5 fr.

PREYER. **Physiologie spéciale de l'embryon.** 1 vol. in-8, avec figures et 9 planches hors texte. 7 fr. 50

BIBLIOTHÈQUE D'HISTOIRE CONTEMPORAINE

Volumes in-18 à 3 fr. 50. — Volumes in-8 à 5, 7 et 12 francs. — Cartonnage toile, 50 c. en plus par vol. in-18, 1 fr. en plus par vol. in-8.

EUROPE

HISTOIRE DE L'EUROPE PENDANT LA RÉVOLUTION FRANÇAISE, par *H. de Sybel*. Traduit de l'allemand par Mlle Dosquet. 6 vol. in-8 . . 42 fr.

HISTOIRE DIPLOMATIQUE DE L'EUROPE, DE 1815 A 1878, par *Debidour*. 2 vol. in-8. . . . . 18 fr.

FRANCE

LA RÉVOLUTION FRANÇAISE, par *H. Carnot*. 1 vol. in-18. Nouv. édit. 3 50

LE CULTE DE LA RAISON ET LE CULTE DE L'ÊTRE SUPRÊME (1793-1794). Étude historique par *Aulard*, 1 vol. in-18. . . . . 3 50

ÉTUDES ET LEÇONS SUR LA RÉVOLUTION FRANÇAISE, par *Aulard*. 1 vol. in-18. . . . . 3 50

VARIÉTÉS RÉVOLUTIONNAIRES, par *M. Pellet*, 3 vol. in-18, chacun 3 50

HISTOIRE DE LA RESTAURATION, par *de Rochau*. 1 vol. in-18. . . . 3 50

HISTOIRE DE DIX ANS, par *Louis Blanc*. 5 vol. in-8. . . . . 25 fr.

HISTOIRE DE HUIT ANS (1840-1848), par *Elias Regnault*. 3 vol. in-18. 15 fr.

HISTOIRE DU SECOND EMPIRE (1848-1870), par *Taxile Delord*. 6 volumes in-8. . . . . 42 fr.

HISTOIRE DE LA TROISIÈME RÉPUBLIQUE par *E. Zevort* :

I. *Présidence de M. Thiers*. 1 vol. in-8. . . . . 7 fr.

II. *Présidence du Maréchal*. 1 vol. in-8. . . . . 7 fr.

HISTOIRE PARLEMENTAIRE DE LA DEUXIÈME RÉPUBLIQUE, par *Eug. Spuller*. 1 vol. in-18, 2e édit. 3 50

LA FRANCE POLITIQUE ET SOCIALE, par *Aug. Laugel*. 1 vol. in-8. 5 fr.

LES COLONIES FRANÇAISES, par *P. Gaffarel*. 1 vol. in-8, 5e éd. . . 5 fr.

L'EXPANSION COLONIALE DE LA FRANCE, étude économique, politique et géographique sur les établissements français d'outre-mer, par *J.-L. de Lanessan*. 1 vol. in-8 avec 19 cartes hors texte. . . . . 12 fr.

L'INDO-CHINE FRANÇAISE, étude économique, politique et administrative sur *la Cochinchine*, *le Cambodge*, *l'Annam* et *le Tonkin* (médaille Dupleix de la Société de Géographie commerciale), par *J.-L. de Lanessan*. 1 vol. in-8, avec 5 cartes en couleurs. . . . . 15 fr.

LA COLONISATION FRANÇAISE EN INDO-CHINE, par *J.-L. de Lanessan*, 1895, 1 vol. in-12, avec 1 carte hors texte. 3 50

L'ALGÉRIE, par *M. Wahl*. 1 vol. in-8, 3e édition. Ouvrage couronné par l'Institut. . . . . 5 fr.

L'EMPIRE D'ANNAM ET LES ANNAMITES, par *J. Silvestre*. 1 vol. in-18 avec carte. 3 50

ANGLETERRE

HISTOIRE CONTEMPORAINE DE L'ANGLETERRE, depuis la mort de la reine Anne jusqu'à nos jours, par *H. Reynald*. 1 vol. in-18. 2e éd. . 3 50

LES QUATRE GEORGES, par *Tackeray*. 1 vol. in-18. . . . . . . 3 50

LORD PALMERSTON ET LORD RUSSEL, par *Aug. Laugel*. 1 vol. in-18. 3 50

LE SOCIALISME EN ANGLETERRE, par *Albert Métin*. 1 vol. in-18. 3 50

ALLEMAGNE

HISTOIRE DE LA PRUSSE, depuis la mort de Frédéric II jusqu'à la bataille de Sadowa, par *Eug. Véron*. 1 vol. in-18. 6e éd. revue par *Paul Bondois*. 3 50

HISTOIRE DE L'ALLEMAGNE, depuis la bataille de Sadowa jusqu'à nos jours, par *Eug. Véron*. 1 vol. in-18, 3e éd. continuée jusqu'en 1892, par *Paul Bondois*. 3 50

L'ALLEMAGNE ET LA RUSSIE AU XIXe SIÈCLE, par *Eug. Simon.* 1 vol. in-18. . . . . 3 50

LE SOCIALISME ALLEMAND ET LE NIHILISME RUSSE, par *J. Bourdeau.* 1 vol. in-18. 2e édition. 3 50

LES ORIGINES DU SOCIALISME D'ÉTAT EN ALLEMAGNE, par *Ch. Andler.* 1 vol. in-8. . . . . 7 fr.

AUTRICHE-HONGRIE

HISTOIRE DE L'AUTRICHE, depuis la mort de Marie-Thérèse jusqu'à nos jours, par *L. Asseline.* 1 vol. in-18. 3e éd. 3 50

LES TCHÈQUES ET LA BOHÈME CONTEMPORAINE, par *J. Bourlier.* 1 vol. in-18. . . . . 3 50

ESPAGNE

HISTOIRE DE L'ESPAGNE, depuis la mort de Charles III jusqu'à nos jours, par *H. Reynald.* 1 vol. in-18 . . . . 3 50

RUSSIE

HISTOIRE CONTEMPORAINE DE LA RUSSIE, depuis la mort de Paul Ier jusqu'à l'avènement de Nicolas II, par *M. Créhange.* 1 vol. in-18, 2e éd. 3 50

SUISSE

HISTOIRE DU PEUPLE SUISSE, par *Daendliker*, précédée d'une Introduction par *Jules Favre.* 1 vol. in-8. . . . . 5 fr.

AMÉRIQUE

HISTOIRE DE L'AMÉRIQUE DU SUD, par *Alf. Deberle.* 1 vol. in-18. 3e éd., revue par *A. Milhaud.* 1897. . . . . 3 50

ITALIE

HISTOIRE DE L'ITALIE, depuis 1815 jusqu'à la mort de Victor-Emmanuel, par *E. Sorin.* 1 vol. in-18 . . . . 3 50

BONAPARTE ET LES RÉPUBLIQUES ITALIENNES (1796-1799), par *P. Gaffarel*, 1 vol. in-8 . . . . 5 fr.

TURQUIE

LA TURQUIE ET L'HELLÉNISME CONTEMPORAIN, par *V. Bérard.* 1 vol. in-18. 4e éd. *Ouvrage couronné par l'Académie française.* 3 50

Jules Barni. HISTOIRE DES IDÉES MORALES ET POLITIQUES EN FRANCE AU XVIIIe SIÈCLE. 2 vol. in-18, chaque volume 3 50
— LES MORALISTES FRANÇAIS AU XVIIIe SIÈCLE. 1 vol. in-18. . . . 3 50

E. de Laveleye. LE SOCIALISME CONTEMPORAIN. 1 volume in-18, 11e édition, augmentée. 3 50

E. Despois. LE VANDALISME RÉVOLUTIONNAIRE. 1 vol. in-18. 2e éd. 3 50

Eug. Spuller. FIGURES DISPARUES, portraits contemporains, littéraires et politiques. 3 vol. in-18, chaque vol. 3 50

Eug. Spuller. L'ÉDUCATION DE LA DÉMOCRATIE. 1 vol. in-18... 3 50

Eug. Spuller. L'ÉVOLUTION POLITIQUE ET SOCIALE DE L'ÉGLISE. 1 vol. in-18. . . . . 3 50

G. Guéroult. LE CENTENAIRE DE 1789. Évolution politique, philosophique, artistique et scientifique de l'Europe depuis cent ans. 1 vol. in-18. . . . . 3 50

Joseph Reinach. PAGES RÉPUBLICAINES. 1 vol. in-18. . . . . 3 50

Hector Depasse. TRANSFORMATIONS SOCIALES. 1 vol. in-18 . . 3 50

Hector Depasse. DU TRAVAIL ET DE SES CONDITIONS, 1 vol. in-18 . . . . 3 50

Eug. d'Eichthal. SOUVERAINETÉ DU PEUPLE ET GOUVERNEMENT, 1 vol. in-18. . . . . 3 fr. 50

G. Isambert. LA VIE A PARIS PENDANT UNE ANNÉE DE LA RÉVOLUTION (1791-1792). 1 vol. in-18. . . . . 3 50

Weill (G.). L'ÉCOLE SAINT-SIMONIENNE. 1 vol. in-18. . . . 3 50

BIBLIOTHÈQUE DE PHILOSOPHIE CONTEMPORAINE

VOLUMES IN-12.

Br., 2 fr. 50; cart. à l'angl., 3 fr.; reliés, 4 fr.

H. Taine.

L'idéalisme anglais, étude sur Carlyle.
Philosophie de l'art dans les Pays-Bas. 2e édition.
Philosophie de l'art en Grèce. 2e édit.

Paul Janet.

Le Matérialisme contemp. 6e édit.
Philosophie de la Révolution française. 5e édit.
Le Saint-Simonisme.
Origines du socialisme contemporain. 3e éd.
La philosophie de Lamennais.

Alaux.

Philosophie de M. Cousin.

Ad. Franck.

Philosophie du droit pénal. 4e édit.
Des rapports de la religion et de l'État. 2e édit.
La philosophie mystique en France au XVIIIe siècle.

Beaussire.

Antécédents de l'hégelianisme dans la philosophie française.

Ed. Auber.

Philosophie de la médecine.

Charles de Rémusat.

Philosophie religieuse.

Charles Lévêque.

Le Spiritualisme dans l'art.
La Science de l'invisible

Émile Saisset.

L'âme et la vie.
Critique et histoire de la philosophie (frag. et disc.).

Auguste Laugel.

L'Optique et les Arts.
Les problèmes de la nature.
Les problèmes de l'âme.

Albert Lemoine.

Le Vitalisme et l'Animisme.

Milsand

L'Esthétique anglaise.

Schœbel.

Philosophie de la raison pure.

Jules Levallois.

Déisme et Christianisme.

Camille Selden.

La Musique en Allemagne.

Stuart Mill.

Auguste Comte et la philosophie positive. 4e édition.
L'Utilitarisme. 2e édition.

Mariano.

La Philosophie contemp. en Italie

Saigey.

La Physique moderne. 2e tirage.

E. Faivre.

De la variabilité des espèces.

Ernest Bersot.

Libre philosophie.

W. de Fonvielle.

L'astronomie moderne.

Herbert Spencer.

Classification des sciences. 6e édit.
L'individu contre l'État. 4e éd.

Bertauld.

L'ordre social et l'ordre moral.
De la philosophie sociale.

Th. Ribot.

La philos. de Schopenhauer. 6e éd.
Les maladies de la mémoire. 11e éd.
Les maladies de la volonté. 11e éd.
Les maladies de la personnalité. 6e éd.
La psychologie de l'attention. 3e éd.

E. de Hartmann.

La Religion de l'avenir. 4e édition.
Le Darwinisme. 5e édition.

Schopenhauer.

Le libre arbitre. 7e édition.
Le fondement de la morale. 5e édit.
Pensées et fragments. 13e édition.

Liard.

Les Logiciens anglais contemporains. 3e édition.
Définitions géométriques. 2e édit.

Marion.

J. Locke, sa vie, son œuvre. 2e édit.

O. Schmidt.

Les sciences naturelles et la philosophie de l'Inconscient.

Barthélemy Saint-Hilaire.

De la métaphysique.

A. Espinas.

Philosophie expérim. en Italie.

Conta.

Fondements de la métaphysique.

John Lubbock.
Le bonheur de vivre. 2 vol.
L'emploi de la vie.
Maus.
La justice pénale.
P. Siciliani.
Psychogénie moderne.
Leopardi.
Opuscules et Pensées.
A. Lévy.
Morceaux choisis des philos. allem.
Roisel.
De la substance.
L'idée spiritualiste.
Zeller.
Christian Baur et l'école de Tubingue.
Stricker.
Du langage et de la musique.
Coste.
Les conditions sociales du bonheur et de la force. 3e édition.
Binet.
Psychologie du raisonnement. 2e éd.
Introd. à la psychol. expérim.
G. Ballet.
Langage intérieur et aphasie. 2e éd.
Mosso.
La peur. 2e éd.
La fatigue intellect. et phys. 2e éd.
Tarde.
La criminalité comparée. 3e éd.
Les transformations du droit. 2e éd.
Paulhan.
Les phénomènes affectifs.
J. de Maistre, sa philosophie.
Ch. Richet.
Psychologie générale. 2e éd.
Delbœuf.
Matière brute et matière vivante.
Ch. Féré.
Sensation et mouvement.
Dégénérescence et criminalité. 2e éd.
Vianna de Lima.
L'homme selon le transformisme.
L. Arréat.
La morale dans le drame, l'épopée et le roman. 2e édition.
Mémoire et imagination (peintres, musiciens, poètes et orateurs).
De Roberty.
L'inconnaissable.
L'agnosticisme. 2e édit.
La recherche de l'Unité.
Auguste Comte et H. Spencer. 2e éd.
Le bien et le mal.
Psychisme social.
Bertrand.
La psychologie de l'effort.
Guyau.
La genèse de l'idée de temps.
Lombroso.
L'anthropologie criminelle. 3e éd.
Nouvelles recherches de psychiatrie et d'anthropologie criminelle.
Les applications de l'anthropologie criminelle.
Tissié.
Les rêves, physiologie et pathologie.
Thamin.
Éducation et positivisme. 2e éd.
Sighele.
La foule criminelle.
Pioger.
Le monde physique.
Queyrat.
L'imagination chez l'enfant. 2e édit.
L'abstraction, son rôle dans l'éducation intellectuelle.
Le caractère et l'éducation morale.
G. Lyon.
La philosophie de Hobbes.
Wundt.
Hypnotisme et suggestion.
Fonsegrive.
La causalité efficiente.
Carus.
La conscience du moi.
G. de Greef.
Les lois sociologiques. 2e édit.
Th. Ziegler.
La question sociale est une question morale. 2e éd.
Louis Bridel.
Le droit des femmes et le mariage.
G. Danville.
La psychologie de l'amour.
Gust. Le Bon.
Lois psychologiques de l'évolution des peuples. 2e éd.
La psychologie des foules. 2e éd.
G. Dumas.
Les états intellectuels dans la mélancolie.
E. Durkheim.
Les règles de la méthode sociologique.
P.-F. Thomas.
La suggestion, son rôle dans l'éducation intellectuelle.
Mario Pilo.
La psychologie du beau et de l'art.

Dunan.
Théorie psychol. de l'espace.

Lechalas.
Étude sur l'espace et le temps.

R. Allier.
Philosophie d'Ernest Renan.

Lange.
Les émotions.

G. Lefèvre.
Obligation morale et idéalisme.

C. Bouglé.
Les sciences sociales en Allemagne.

E. Boutroux.
Conting. des lois de la nature. 2e éd.

J. Lachelier.
Du fondement de l'induction. 2e éd.

J.-L. de Lanessan.
Morale des philosophes chinois.

Max Nordau.
Paradoxes psychologiques. 2e éd.
Paradoxes sociologiques.
Psycho-physiologie du génie et du talent.

Marie Jaëll.
La musique et la psycho-physiologie.

G. Richard.
Le socialisme et la science.

L. Dugas.
Le psittacisme et la pensée symbolique.

Fierens-Gevaert.
Essai sur l'art contemporain.

F. Le Dantec.
Le déterminisme biologique.

L. Dauriac.
La psychologie dans l'Opéra français.

A. Cresson.
La morale de Kant.

P. Regnaud.
Précis de logique évolutionniste.

E. Ferri.
Les criminels dans l'art et la littérature.

Novicow.
L'avenir de la race blanche.

VOLUMES IN-8

Brochés à 5, 7 50 et 10 fr.; cart. angl., 1 fr. de plus par vol.; reliure, 2 fr.

Barni.
Morale dans la démocratie. 2e éd. 5 fr.

Agassiz.
De l'espèce et des classifications. 5 fr.

Stuart Mill.
La philosophie de Hamilton. 10 fr.
Mes mémoires. 3e éd. 5 fr.
Système de logique déductive et inductive. 4e édit. 2 vol. 20 fr.
Essais sur la Religion. 2e édit. 5 fr.

Herbert Spencer.
Les premiers principes. 10 fr.
Principes de psychologie. 2 vol. 20 fr.
Principes de biologie. 2 vol. 20 fr.
Principes de sociologie. 4 vol. 36 fr. 25
Essais sur le progrès. 5e éd. 7 fr. 50
Essais de politique. 3e éd. 7 fr. 50
Essais scientifiques. 2e éd. 7 fr. 50
De l'éducation physique, intellectuelle et morale. 10e édit. 5 fr.
Introduction à la science sociale. 11e éd. 6 fr.
Les bases de la morale évolutionniste. 5e éd. 6 fr.

Collins.
Résumé de la philosophie de Herbert Spencer. 2e éd. 10 fr.

Auguste Laugel.
Les problèmes. 7 fr. 50

Émile Saigey.
Les sciences au XVIIe siècle. La physique de Voltaire. 5 fr.

Paul Janet.
Les causes finales. 3e édit. 10 fr.
Histoire de la science politique dans ses rapports avec la morale. 3e édit. augm., 2 vol. 20 fr.
Victor Cousin, son œuvre. 7 fr. 50

Th. Ribot.
L'hérédité psychologique. 5e édition. 7 fr. 50
La psychologie anglaise contemporaine. 3e éd. 7 fr. 50
La psychologie allemande contemporaine. 5e éd. 7 fr. 50
La psychologie des sentiments. 2e éd. 7 fr. 50
L'évolution des idées générales. 5 fr

Alf. Fouillée.

La liberté et le déterminisme. 2e édit. 7 fr. 50
Critique des systèmes de morale contemporains. 3e éd. 7 fr. 50
La morale, l'art et la religion d'après M. Guyau. 2e éd. 3 fr. 75
L'avenir de la métaphysique fondée sur l'expérience. 5 fr.
L'évolutionnisme des idées-forces. 7 fr. 50
La psychologie des idées-forces. 2 vol. 15 fr.
Tempérament et caractère. 7 fr. 50
Le mouvement idéaliste. 7 fr. 50
Le mouvement positiviste. 7 fr. 50

Bain (Alex.).

La logique inductive et déductive. 3e édit. 20 fr.
Les sens et l'intelligence. 3e édit. 10 fr.
L'esprit et le corps. 5e édit. 6 fr.
La science de l'éducation. 7e éd. 6 fr.
Les émotions et la volonté. 10 fr.

Matthew Arnold.

La crise religieuse. 7 fr. 50

Flint.

La philosophie de l'histoire en Allemagne. 7 fr. 50

Liard.

La science positive et la métaphysique. 3e édit. 7 fr. 50
Descartes. 5 fr.

Guyau.

La morale anglaise contemporaine. 3e éd. 7 fr. 50
Les problèmes de l'esthétique contemporaine. 2e éd. 5 fr.
Esquisse d'une morale sans obligation ni sanction. 3e éd. 5 fr.
L'irréligion de l'avenir. 5e éd. 7 fr. 50
L'art au point de vue sociologique. 2e éd. 7 fr. 50
Hérédité et éducation. 3e éd. 5 fr.

Huxley.

Hume, sa vie, sa philosophie. 5 fr.

E. Naville.

La logique de l'hypothèse. 2e éd. 5 fr.
La physique moderne. 2e édit. 5 fr.
La définition de la philosophie. 5 fr.

Et. Vacherot.

Essais de philosophie critique. 7 fr. 50
La religion. 7 fr. 50

Marion.

La solidarité morale. 4e édit. 5 fr.

Schopenhauer.

Aphorismes sur la sagesse dans la vie. 4e édit. 5 fr.
La quadruple racine du principe de la raison suffisante. 5 fr.
Le monde comme volonté et représentation. 3 vol. 22 fr. 50

James Sully.

Le pessimisme. 2e éd. 7 fr. 50

Buchner.

Science et nature. 2e édition. 7 fr. 50

Egger (V.).

La parole intérieure. 5 fr.

Louis Ferri.

La psychologie de l'association, depuis Hobbes. 7 fr. 50

Maudsley.

La pathologie de l'esprit. 10 fr.

Séailles.

Essai sur le génie dans l'art. 2e éd. 5 fr.

Ch. Richet.

L'homme et l'intelligence. 2e éd. 10 fr.

Preyer.

Éléments de physiologie. 5 fr.
L'âme de l'enfant. 10 fr.

Wundt.

Éléments de psychologie physiologique. 2 vol., avec fig. 20 fr.

Ad. Franck.

La philosophie du droit civil. 5 fr.

Clay.

L'alternative. Contribution à la psychologie. 2e éd. 10 fr.

Bernard Perez.

Les trois premières années de l'enfant. 5e édit. 5 fr.
L'enfant de trois à sept ans. 3e éd. 5 fr.
L'éducation morale dès le berceau. 3e édit. 5 fr.
L'art et la poésie chez l'enfant. 5 fr.
Le caractère, de l'enfant à l'homme. 5 fr.
L'éducation intellectuelle dès le berceau. 5 fr.

Lombroso.

L'homme criminel. 2 vol. avec atlas. 36 fr.
Le crime politique et les révolutions (en collaboration avec M. Laschi). 2 vol. 15 fr.
La femme criminelle et la prostituée (en collaboration avec M. Ferrero). 1 vol. in-8 avec planches. 15 fr.

Sergi.
La psychologie physiologique, avec 40 fig. 7 fr. 50

Ludov. Carrau.
La philosophie religieuse en Angleterre, depuis Locke. 5 fr.

Piderit.
La mimique et la physiognomonie, avec 95 fig. 5 fr.

Fonsegrive.
Le libre arbitre, sa théorie, son histoire. 2e éd. 10 fr.

Roberty (E. de).
L'ancienne et la nouvelle philosophie. 7 fr. 50
La philosophie du siècle. 5 fr.

Garofalo.
La criminologie. 3e édit. 7 fr. 50
La superstition socialiste. 5 fr.

G. Lyon.
L'idéalisme en Angleterre au XVIIIe siècle. 7 fr. 50

Souriau.
L'esthétique du mouvement. 5 fr.
La suggestion dans l'art. 5 fr.

Fr. Paulhan.
L'activité mentale et les éléments de l'Esprit. 10 fr.
Esprits logiques et esprits faux. 7 fr. 50

Barthélemy Saint-Hilaire.
La philosophie dans ses rapports avec les sciences et la religion. 5 fr.

Pierre Janet.
L'automatisme psychologique. 2e édit. 7 fr. 50

Bergson.
Essai sur les données immédiates de la conscience. 3 fr. 75
Matière et mémoire. 5 fr.

E. de Laveleye.
De la propriété et de ses formes primitives. 4e édit. 10 fr.
Le gouvernement dans la démocratie. 3e éd., 2 vol. 15 fr.

Ricardou.
De l'idéal. 5 fr.

Sollier.
Psychologie de l'idiot et de l'imbécile. 5 fr.

Romanes.
L'évolution mentale chez l'homme. 7 fr. 50

Pillon.
L'année philosophique. 7 vol. 1890, 1891, 1892, 1893, 1894, 1895 et 1896. Chacun séparément. 5 fr.

Rauh.
Le fondement métaphysique de la morale. 5 fr.

Picavet.
Les idéologues. 10 fr.

Gurney, Myers et Podmore
Les hallucinations télépathiques. 2e éd. 7 fr. 50

Jaurès.
De la réalité du monde sensible 7 fr. 50

Arréat.
Psychologie du peintre. 5 fr.

L. Proal.
Le crime et la peine. 2e éd. 10 fr.
La criminalité politique. 5 fr.

G. Hirth.
Physiologie de l'art. 5 fr.

Dewaule.
Condillac et la psychologie anglaise contemporaine. 5 fr.

Bourdon.
L'expression des émotions et des tendances dans le langage. 5 fr.

L. Bourdeau.
Le problème de la mort. 2e éd. 5 fr.

Novicow.
Les luttes entre sociétés humaines. 10 fr.
Les gaspillages des sociétés modernes. 5 fr.

Durkheim.
De la division du travail social. 7 fr. 50
Le suicide. 7 fr. 50

Payot.
L'éducation de la volonté. 5e édit. 5 fr.
De la croyance. 5 fr.

Ch. Adam.
La philosophie en France (première moitié du XIXe siècle). 7 fr. 50

H. Oldenberg.

Le Bouddha, sa vie, sa doctrine, sa communauté. 7 fr. 50

V. Delbos.

Le problème moral dans la philosophie de Spinoza et dans le Spinozisme. 10 fr.

M. Blondel.

L'action, essai d'une critique de la vie et d'une science de la pratique. 7 fr. 50

J. Pioger.

La vie et la pensée. 5 fr.
La vie sociale, la morale et le progrès. 5 fr.

Max Nordau.

Dégénérescence. 2 vol. 4e édition. 17 fr. 50
Les mensonges conventionnels de notre civilisation. 5 fr.

P. Aubry.

La contagion du meurtre. 3e édit. 5 fr.

G. Milhaud.

Les conditions et les limites de la certitude logique. 3 fr. 75

Brunschvicg.

Spinoza. 3 fr. 75
La modalité du jugement 5 fr.

A. Godfernaux.

Le sentiment et la pensée. 5 fr.

Em. Boirac.

L'idée de phénomène. 5 fr.

L. Lévy-Bruhl.

La philosophie de Jacobi. 5 fr.

Fr. Martin.

La perception extérieure et la science positive. 5 fr.

G. Ferrero.

Les lois psychologiques du symbolisme. 5 fr.

B. Conta.

Théorie de l'ondulation universelle. 3 fr. 75

G. Tarde.

La logique sociale. 7 fr. 50
Les lois de l'imitation. 2e éd. 7 fr. 50
L'opposition universelle. 7 fr. 50

G. de Greef.

Le transformisme social. 7 fr. 50

Crépieux-Jamin.

L'écriture et le caractère 3e éd. 7 fr. 50

J. Izoulet.

La cité moderne. 2e éd. 10 fr.

Thouverez.

Réalisme métaphysique. 5 fr.

Lang.

Mythes, cultes et religion, préface de *L. Marillier.* 10 fr.

G. Gory.

L'immanence de la raison dans la connaissance sensible. 5 fr.

Lang.

Mythes, cultes et religions. 7 fr. 50

Récéjac.

La connaissance mystique. 5 fr.

Aug. Comte.

La sociologie. 7 fr. 50

Duproix.

Kant et Fichte et le problème de l'éducation. 5 fr.

Brochard.

De l'erreur. 2e éd. 5 fr.

Chabot.

Nature et moralité. 5 fr.

Coulommiers. — Imp. Paul BRODARD. — 487-97.

Coulommiers. — Imp. Paul Brodard. — 521-98.

www.ingramcontent.com/pod-product-compliance
Ingram Content Group UK Ltd.
Pitfield, Milton Keynes, MK11 3LW, UK
UKHW031839260826
14628UKWH00001B/479

9 782019 135171